悅讀的需要，出版的方向

U0021177

悅讀的需要，出版的方向

比特幣大騙局

BITCOINS

J'ai vendu mon âme en

3.

竊盜、駭客、投機者，
加密貨幣交易所Mt. Gox
的破產真相與腐敗運作

娜塔莉·斯塔基 & 傑克·阿德爾斯坦

JACK ADELSTEIN & NATHALIE STUCKY

Contents

　　Mt. Gox 是位於日本東京的比特幣（BTC）交易所，該公司前執行長馬克・卡佩雷斯（Mark Karpelès）在警察登門前已先接獲電話通知；警方甚至出於敬意，透過媒體先行放出了風聲。卡佩雷斯早就得知自己被正式起訴，也明白警方遲早會找上門，這件事，我和共事過的記者娜塔莉（三浦鄉子）＊心理有數。事實上，她當時就在馬克的小公寓裡，和他的貓一起等著警察敲門，以便取得獨家。我們都知道他將遭到逮捕，卻仍抱持一絲希望，期待事情不會發展至此。娜塔莉和我都無從判斷他的無辜與否，但唯有一事毫無疑問，那就是直到提出有利的證據之前，任何在日本遭逮捕的

人都會先被視為有罪——這也代表了在大眾眼裡，卡佩雷斯已是帶罪之人。

日本最大的經濟新聞媒體《日本經濟新聞》[*]在警方動作的前一天，也就是 2015 年 7 月 31 日的報紙上刊登了一篇報導，指出馬克將遭到逮捕。該文本身並無新意，卻點出了幾個重點。縱觀所有在他遭到起訴前露出的「獨家報導」大致皆如下所述：

負責 Mt. Gox 日前損失幾十萬比特幣案件的調查員於 7 月 30 日表示，東京警視廳將以涉嫌虛增假帳戶和擅自挪用客戶資金為由，起訴該平臺執行長。調查顯示，嫌犯企圖藉由操控自家平臺，以人

---

[*]作者之一娜塔莉・斯塔基是瑞士記者，長駐日本，日文姓名為三浦鄉子（Kyoko Miura）。

[*]《日本經濟新聞》是日本五大報之一，簡稱《日經》（Nikkei）。

為的方式刻意哄抬比特幣市場。

　　總公司設於東京的 Mt. Gox 因這起事件面臨破產危機，目前所有證據皆指向該平臺執行長。據知情人士表示，執行長因操控失誤而丟失客戶持有的比特幣。此外，東京警方亦朝盜用公款的方向進行調查。

　　Mt. Gox 前執行長卡佩雷斯曾於去年召開的記者會說明，該公司遭外部駭客攻擊丟失公司客戶持有的 65 萬枚比特幣（約 230 億日圓）。

　　在此之前，Mt. Gox 大約經手全世界 80% 的比特幣交易。但該公司已於去年 2 月向東京地方法院申請民事再生＊，而地方法院也於同年 4 月正式核准了破產清算程序。

　　2015 年 8 月 1 日，一個週六上午，警方上門逮捕了馬克。當時大多數的媒體都已明白接下來會發生的事了。約莫清晨 5 點，警方搶在報紙被送達日本每一戶人家之前致電通知。他這一年來都和東京警視廳的網路犯

罪小組合作，追查駭入 Mt. Gox 伺服器並竊走 65 萬枚比特幣（當時市值約 4 億 5000 萬美元）的嫌犯，這是警方對他保有的基本禮儀。然而，如今看來，負責白領犯罪*的搜查二課似乎鎖定馬克就是駭客本人。坦白說，這不就是最符合邏輯的答案嗎？這樣一來就能輕易結案了，不是嗎？條子的策略是先以任何一種罪名扣留他，再想辦法突破心防，逼迫他承認自己是捲走比特幣的人。然而，時間終將證明這種策略實為不智之舉。

在馬克被逮捕的前幾天，娜塔莉和我找他談過。我直接了當表明：「馬克，你讀過我寫的第一本書*，應

---

* 即聲請破產保護。

* white collar crime 是美國犯罪學之父愛德溫・蘇哲蘭（Edwin H. Sutherland）提出的概念，意指具有崇高社會地位的白領階級因往往擔任企業組織要角，有較多機會利用其職業活動從事以取得錢財為動機的不法行為。

* 《東京風雲》（*Tokyo Vice: An American Reporter on the Police Beat in Japan*），Marchialy 出版，2016 年。作者傑克・阿德爾斯坦回顧自己 25 年來作為常駐東京的犯罪版記者所見的祕辛，屬於自傳類書籍。

該大致瞭解接下來會發生的事，但我還是想把大概流程再講一遍。警察會到這裡抓你。他們會帶著你穿過大批記者。為了讓記者盡情拍攝影像，他們早就發布了確切的逮捕時間。你至少要在拘留所待上 24 小時。接著，他們會啟動司法程序。檢察官有 48 小時可以決定是否繼續羈押。他應該會以防止被告潛逃出境或消滅證據為由，要求延長羈押時間，也許是十幾天。十幾天後，他又會以同樣的理由繼續延長羈押時間。這一輪程序大概會持續 23 天左右，屆時，要是你還不認罪，他們會先把你放出來，然後再關回去，開始新的一輪程序。」

馬克微微搖了搖他那顆胖胖的頭，一臉茫然卻顯得平靜。從他的公司第一次遭遇危機以來，我們已有數次交集，但我始終摸不清這個人。他的身材圓滾，臉色蒼白，留著一頭長捲髮。掛在臉正中央的鼻子像是剛黏上去，軟骨都還沒固定好似的。大部分的時候，他都穿著一件 T 恤。臉上不是掛著一抹傻笑，就是一臉茫然，也

難怪公司裡的員工總是拿《愛麗絲夢遊仙境》裡的妙妙貓來形容他。

我不太確定他是否理解我剛才說的那些。感覺我們不在同一個時空中對話，有點像是以前用轉盤式話機撥打電話到國外；你們也許太過年輕，難以想像那種奇怪的通話體驗：我們老是不確定對方是否聽到了我們的聲音。

「你明白我在說什麼嗎？」

我非常需要他給我明確的回應。

他點了點頭。「跟我無關，不是我做的。」

「他們才不在乎，欲加之罪，何患無辭。他們早就自行解了這一題。」

我的食指輕敲著兩人之間的矮桌。

「不要做任何聲明，不要簽任何文件。如果一定要開口，就說法語。日本的檢察官不知道怎麼處理沒有事先搞定的案件，這也是日本的起訴判刑率會高達 99% 的原因——絕大多數過於複雜的案件都會被閒置。

你要把事情搞得複雜一點。我知道你看得懂日文，但就算這樣，也不能在寫日文的文件上簽名。他們會威逼利誘，會以減刑為誘因要你認罪，會禁止你見律師，會宣稱手上握有人證物證，但事實上什麼都沒有，也會用盡所有方法擊潰你的心防。

不管他們逮捕你幾次、提出多少控訴，你都不能屈服，一定要保持沉默。23 天、46 天甚至是 69 天的拘留感覺上很像永無止盡，可是相信我，那跟日本三、四年的牢飯比起來算不上什麼的。」

馬克點了點頭：「我完全相信你，你對這些事再瞭解不過。我會準備好的。」

「挑一件合適的衣服，能幫你的形象加分的。挺起胸膛，這可能是民眾近期最後一次在電視上看到你了，下次不知道是何年何月。你要讓自己看起來很專業。做好萬全準備。」

「我明白，沒問題的，我會準備好。」

結果可差得遠了。

比特幣大騙局

馬克徹夜未眠，鬍子沒刮，更別提完全沒準備好要在清晨 6 點整出門了。娜塔莉在接獲警察通知上路後叫醒了我，並提醒我記者早已在馬克家門前聚集了好幾個小時。

我告訴他一定要穿著得體。

就在警察登門前，他抓了件印有 Effortless French 字樣的 T 恤往身上套，再用一頂黑白棒球帽遮住臉。帽子上的圖案是黑白熊（Monokuma），一隻因為著名電玩遊戲走紅的機器熊。

警察宣讀他的權利時，一再暗示娜塔莉離開現場。儘管星期五《日經》刊出報導後，馬克就同意配合警方調查了，他們還是給他上了手銬，正如俗話所說：The show must go on＊。

前言

＊PSP 遊戲《槍彈辯駁》（ダンガンロンパ）及其衍生作品的登場角色，是身體一半白色、一半黑色的玩偶機器人。

＊意思是無論如何，戲都要演下去。

同一時間，我正和美國最大的線上雜誌《野獸日報》(*Daily Beast*) 負責人克里斯多福·迪基（Christopher Dickey）交換訊息。我們持續關注報導此事一年了。我知道《野獸日報》要的是獨家，即時獨家。住在巴黎的迪基評估過這件案子的重要性：一名法國男子因涉嫌史上最慘烈的網路攻擊事件將遭到日本警方逮捕。我能想像他正在電腦前坐立不安，等著我傳來快訊。

我們通知他隔天警方就要上門逮捕馬克時，他的回覆是：「可不可以幫 Cheat Sheet（重點小抄）*的版面寫一篇報導？」

Cheat Sheet！我對他的回覆驚訝不已。

這個版面如同傳統報紙的第三頁。對迪基而言，現在要論斷卡佩雷斯的罪行實在言之過早。他對警方的行動並不意外，事實上，我也不應該感到訝異的。

正當我和克里斯討論此事時，娜塔莉看著馬克順從警察的指示離去。他看上去就像個做錯事的人。

在他們護送他走出一樓大門、經過各大媒體派來的記者群前，他們允許他用一件襯衫蓋住手銬。

但他身上的 T 恤和棒球帽仍然非常顯眼。

尤其是那頂帽子。它給廣大的御宅族（日本電玩、動畫和漫畫的粉絲）拋下一顆震撼彈。原因是黑白熊在電玩中經常這麼說：「所有人都有後悔的時候，都會想改變一些事。但我不會！因為我是一隻熊。」這頂帽子對電玩愛好者來說帶有很深的寓意，但對大眾來說，它只是一頂愚蠢的帽子而已。警察摘下他的帽子，要他爬進警車後座。記者隨即便從後方蜂擁而上。

至於他 T 恤上的 Effortless French 字樣，就開放給所有人詮釋了。一直密切關注此案的保守派主流媒體《產經新聞》對它的詮釋為：「不做任何努力的法國人。」我看著令人眼花撩亂的各家報導，心想，馬克的確沒做任何努力，毫無爭取民眾支持的意願。也許，這件事真的是他做的。

---

* Cheat Sheet 是《野獸日報》濃縮當日重點頭條的版面。

Chapter 1

Magical Tux 登場

```
   00100        10100
   00100        10010
   01110        11010
011101110111001011100
1001010110000110100101011
0011011101000110100101111
11010010111100101110001010100110000        1001001111
100110010        1001000101
000011001        100000011
0111110000111001011110
00111111011101001011
00111011010110100010111100100000111000101110010000100000010011000100100001000110100001110110101011001100111011001010111001010011101000110111101101111100010011000010000001110
0001001011100111100100100000101001101110100
   01101        11001
   01110        11101
```

　　馬克在 2009 年夏天帶著他的貓 Tibane、一堆硬碟、幾臺電腦、聘書以及永不離開日本的決心,來到這個國家。

　　當時的他身形削瘦、臉色蒼白,行李中的宅男 T 恤夠他穿到生命的盡頭。

　　他覺得自己回家了。

　　他的另一個家在雲端,127.0.0.1,這是最常用來連回自己電腦的 IP 位址。至於法國,不過就是個他曾經居留的國家而已。

　　這是他第二次來到日本。對他而言,第一次來到這個國家後他就未曾離開過,而這一次他也沒有打算再道別。

　　馬克‧卡佩雷斯生於勃艮地省(Bourgogne)榭諾弗(Chenôve),由母親獨立扶養成人。他不認識自己的生父,母親安‧卡佩雷斯(Anne Karpelès)也拒絕提供更多關於他生父的資訊。馬克的全名是馬克‧馬里‧羅貝‧卡佩雷斯(Mark Marie Robert

比特幣大騙局

Karpelès），馬里承自外婆的第一個名字瑪麗，而她的中間名（middle name）似乎就叫馬克。這件事搞得我頭昏腦脹，但我也得承認自己對法國人命名的方式一無所知。我知道的是，名字對一個人而言有深厚的涵義，馬克第一次來到日本就為自己挑了個道地的日文名字。這種做法其實很常見，尤其是你的本名唸起來會引人發笑的時候*。

Mark 這個名字在日文裡的意思還算討喜，跟英文一樣，就是「標誌」的意思，所以很常被提到。東京澀谷地鐵站附近有個大型百貨就叫 Mark City，是當地人常去放空或吃晚餐的地方，當然和這本書的主角馬克毫無關聯。

---

*比方說我就讀日本上智大學（Sophia University）時，有個同學名叫 Gary，這個名字用日文唸時聽起來就像 geri（下痢），也就是腹瀉的意思。我們當時就建議他給自己取個別名。

馬克想給自己挑個某種程度上和本名有點關聯的日文名字。他說「羅貝」本義是紅色的熊,「卡佩雷斯」則是向陽的堡壘,所以在日本友人的建議下,他給自己取名為陽城熊吉(Youjou Kumakichi)。Youjou 意指城堡或堡壘,kumakichi 則呼應外表像人的紅熊。不知是朋友刻意嘲諷,還是馬克當時就知道自己在幹什麼勾當?無論如何,這個名字既嘲諷又幽默地預示了現在的狀況。

馬克從小鬼靈精怪且充滿好奇。母親對他的愛勝於一切。身為科技愛好者的母親在他小學時就送了第一臺電腦給他,那是由 Sinclair 公司生產的 ZX Spectrum,是當時法國最常見的家用電腦。馬克在母親的協助下,很快就寫了一些基本程式,模擬出恐龍的輪廓。此外,她還為他準備了電玩,供他改寫遊戲程式。他也喜歡拆解電子零件,探究機器運轉的方式,特別是計算機之類的日用小型電子產品。

比特幣大騙局

可想而知，有些東西一旦被拆開就再也無法還原，但這卻是馬克永遠也學不會的道理。

馬克沉迷於電腦的世界，寫程式時的他如魚得水，顯然就是個聰明絕頂的孩子。然而這對他來說並不全然是優勢。法國的公立學校無力處理他這樣的案例，因為他遙遙領先其他同齡的學生，還因為算數能力過人而遭到責罵，原因是同學只能算到 30，他卻算到了 100。他已經能讀能寫了，但電腦程式設計比法文更讓他游刃有餘。母親看到他的表現，決意將他轉入一間專為資優生設置的私立學校：「我對公立學校老師情願把所有的孩子壓在同一個水準上，也不願意幫助馬克發展潛能，感到十分不滿。」新的學校按學生的資質和能力分班，而不是以年齡劃分等級，因此某些班級的學生年齡從 6 歲至 12 歲都有。

然而，這類學習機構所費不貲，母親在他十歲時失業，只能再度把他送回公立學校。他在那裡找

不著立足之地，被視為異類，更遭到同學霸凌，因此變得意志消沉、封閉自我。

國中畢業後，母親認為他比較適合修道院附屬的寄宿學校，便將他送到位於馬恩省（Marne）賓森市（Binson）的私立天主教高中就讀。自那時起，他真正脫離了塵世，遁入虛擬世界之中。他試圖逃進雲端，遠離校園和那些為他的生活帶來麻煩的同學，同時也開始迷上夢幻的日本文化、動畫、漫畫和電玩。

17歲那年，馬克畢業考沒過，便對母親放話不再回到校園。最後，母親還是說服他再到巴黎的一所高職就讀兩年，之後參加電子科技組的職業會考，成為電機工程人員養活自己。和大多數法國工程師不同，他沒有正式修過任何計算工程的課。

馬克在路易‧阿爾芒高職（Lycée Louis Armand）裡也找不到自己的定位。學校裡的混蛋把他推入痛苦的沉淵，就連那些他以為是朋友的人

也總是占他便宜，更別提和母親同住的小公寓裡沒有他的私人空間了。他因此決定離家出走，隨意找個地方安身。他在巴黎的大街小巷遊盪了好幾個星期，唯一的工作是為位於夏特雷（Châtelet）附近的一家網咖發傳單。

巴黎的公寓通常使用電子鎖，馬克會偷偷觀察住戶並記下密碼，跟在住戶後面進屋，然後在樓梯間過夜。他知道在這些裝有電梯的公寓裡，四樓以上的住戶通常不會使用樓梯，因此，他可以安心睡到天亮。他拿白天賺來的錢給自己買食物，再用僅剩的幾塊錢到網咖上網。幾天後，警察注意到他，安排他住進了給青少年遊民的中途之家。馬克在那裡住了幾個星期後，和他在日本漫畫迷聚集的網站Manga4All上認識的雷（Lay）搬進同一間公寓。

除了白日流連網咖，他夜裡也是徹夜守在電腦前，鎮日沉迷網路世界。這個時期的他對日本與

動漫中的未來想像愈發沉迷，幾乎分不清現實與虛擬。在他心裡，日本是唯一一個能有他一席之地的國家，一個即使身為極客（geek）也能受到尊重的地方。他一心嚮往有朝一日能踏上那塊土地，也相信新世界的存在，一個像《攻殼機動隊》(*Ghost in the Shell*)＊的世界，人的意識可以脫離身軀，在虛擬世界中自由穿梭，也可以被植入機器義體重生，不受肉體的羈絆與束縛。他開始沉迷小說英雄、電玩或動畫影片的角色扮演（cosplay）。

　　日本與編碼，這兩件事便是他的心之所向。

　　此外，《格拉爾戰紀》(*GraalOnline*)也是他為數極少的娛樂之一。這款 2D 角色扮演遊戲的世界觀設定，出奇地與《薩爾達傳說》(*Zelda*)重疊。就在這一時期，他給自己創建了一個和電玩無關的虛擬身分：Magical Tux，向 Linux 系統的企鵝致意＊。17 歲的他自學成為程式設計師，但也有一些人視他

為駭客。

這時，馬克找到了發聲的機會。

在一部名為《白爛大極客》(*Suck my Geek*)的法國記錄片中，馬克受邀成為「網路極客」(cybergeek) 的代表。也許你早就知道，geek 一詞最早指的是表演噁心節目的雜耍演員，例如咬下活雞頭等。一如「極道」(yakuza) 一詞原指輸家＊，後來成為日本黑道的統稱，法國的電腦先驅們則以極客一詞代稱他們那個圈子的人。

該記錄片的製片之一札維爾・薩亞諾夫 (Xavier Sayanoff) 向我提過，他發現馬克這個人很有個人

＊ 原為漫畫家士郎正宗的連載漫畫，後改編為真人電影，講述被裝上強化的生化電子義體後，成為完美戰士的新人類對抗網路犯罪並尋找靈魂的故事。

＊ Linux 系統的標誌是一隻名為 Tux 的企鵝。

＊ ya-ku-za 指的是數字 8-9-3，是傳統紙牌遊戲「花札」最差的一個牌組，引申為無用的人或物。

魅力。「我們本來以為他性格孤僻、不愛說話，跟社會格格不入，但其實他很討人喜歡，個性活潑。他可以在下雨天的路上邊走邊打電腦！一旦進入虛擬世界，他就與世隔絕了。」

後來他又補充道：「我沒想過《白爛大極客》會再拍一部以馬克為主角的續集，但事情的發展非常有趣。我試著回想上一部，其實一想就能明白馬克是怎麼走到今天這一步的。」

《白爛大極客》有一幕拍到馬克在他亂七八糟的房間裡的景，觀眾可以看到他那臺配有大型螢幕的電腦矗立在一疊披薩盒子旁。影片中的他穿一件黑色 T 恤，胸前印著 There is no place like 127.0.0.1（沒有任何地方比得上 127.0.0.1）。

當時，他的虛擬身分 Magical Tux 已是各大論壇赫赫有名的人物。他在虛擬世界是個非常活躍的人，而那也是記錄片找上他的原因。他在記錄片中說道：「在現實生活中，我跟地鐵上的任何一個人

攀談，對方只會當我是無名小卒；可是在網路上，我可是 Magical Tux 大神。」

他懂得自嘲，也知道該怎麼面對鏡頭。

馬克的朋友在看過記錄片後透露：「你們在記錄片中看到的馬克，是他想展現給你們看的馬克，也是製作人想看的那個形象。他做了一個很真實的秀，但終究是個表演。」

若他所言不假，那麼馬克堪稱一流的演員。

馬克的母親也出現在記錄片裡，觀眾因此知道她是個沉迷網路的人，經常玩線上遊戲，甚至會設置伺服器。馬克對此感到有趣，卻也有點困擾。

當時還年輕的馬克嚴肅地在鏡頭前坦承：「我無法想像沒有電腦的生活。至少這個當下是不可能的。我早上一定要檢查電子郵件信箱，確認所有的伺服器都正常運作，出門工作前還得跟二、三個網友聊聊天。然後，呃，在辦公室裡當然也是一整天面對電腦。晚上回家後也一樣，我會寫程式、檢查

幾個環節,然後看動畫好好休息。」所有和現實生活的接觸,他都得先透過電腦才能進行。

「有一段時間,我完全與世隔絕。當時我開了一家自己的公司,為一些我只在網路上來往的公司工作賺錢⋯⋯我有好幾次黏在椅子上幾個月不起身,只吃我手邊能碰到的食物⋯⋯大概有五、六個月沒踏出家門⋯⋯和我有往來的那些人,都是先在網路上認識才約出來見面的。我們會彼此邀約、聊聊天,然後時不時出來見個面。那種感覺很像我們同時過著兩種生活。」他一邊開玩笑說自己有不少女朋友,一邊秀出電腦上的相片:「都是 .jpeg。」最後,他談到了和電腦的關係:「我們在一起大概⋯⋯三、四年了吧,我們過著很幸福的生活⋯⋯」語畢,他縱聲大笑。

事實上,馬克比我們在記錄片上看到的那個形象更入世。他有真的朋友。他會下廚,熱衷料理。他會吹噓自己的食譜,例如他就曾把自己的蘋果派

比特幣大騙局

食譜鉅細靡遺地拍攝下來，上傳到 YouTube 公開。

　　有很多形容詞可以用來形容馬克，但害羞絕對不在其列。他喜歡吸引別人的注意。

　　而且他很有一套。他試圖用這項本領為自己找差事，寄了一封電子郵件給開發線上遊戲《格拉爾戰紀》的老闆史蒂芬‧博塔（Stéphane Portha），詢問對方是否需要遊戲開發工程師。結果他很快就收到了一封熱情的回信。2003 年 10 月，18 歲的馬克開始為 LINUX Cyberjoueurs 的遊戲開發部工作。史蒂芬‧博塔當時已是 .fr 網域出名的網路蟑螂（cybersquatting），也就是搶先註冊某個網際網路的域名，再以高價賣給有意購入的人，藉此賺取暴利。這種手段在當時甚為流行。《格拉爾戰紀》也是該公司最大的收入來源。馬克負責開發程式，同時也負責 Linux 和整個公司開發系統的維護工作。

　　在那裡工作的時間雖短，但他非常開心。他擁有一份好工作，而且還是靠寫程式賺錢。「我在那

裡待了一年半就辭職了。我和上司有些理念上的衝突，我覺得自己被他剝削了。而且，我也想換個工作環境，我想保有自由離職的權利。」

但博塔並不願意放手，畢竟馬克已是公司不可或缺的一員 。根據馬克的說法，他提出辭呈時，兩人起了很大的爭執。據稱博塔當時說了這樣的話：「你要是敢離職，我就毀了你。」

至於馬克，不知是愚蠢亦或天真，正好做了一件讓他決定說到做到的事。他在離開公司前，把客戶數據庫中的某些加密資料轉至其他位於法國或美國的伺服器，也把手中管理的某個網域名稱移轉至個人空間。那個年代，一個小小的網域相當於價值連城的寶物。

這個錯誤的舉動將為他帶來正面衝擊。

離開 LINUX Cyberjoueurs 的馬克已不再是當年的小伙子，離職後的他又在附屬於電商巨頭 Pixmania 的網路零售商 Fotovista 短暫工作了一段時

間，而後便飛往正值科技起飛時期的以色列創業。他在當地待了九個月，看著自己的第一家公司倒下——也許用「爆炸」來形容比較貼切。

加薩走廊遭到空襲，以色列空軍炸毀當地的發電廠，他放置在附近小空間裡的伺服器主機也因此停擺了 12 個小時，這 12 個小時的死寂對網路世界來說有如地老天荒。最終，他的小生意還是失敗了，但馬克並未因此退縮：「人就是要愈挫愈勇，屢敗屢戰，放手一搏才有成功的可能。」

他在 2006 年背著唯一的一只行囊回到巴黎，其餘家當皆被航空公司遺失。他在老友兼導師 M 的家裡住了幾個月，又請另一位熟人幫忙找到位於巴黎拉德芳斯區（La Défense）電商 Nexway 的工作（公司當時仍稱為 Téléchargement）。一開始，他還是擔任程式開發設計的工作，短時間內便獲得上司賞識。這時，他離開友人公寓，搬進小巴黎 15 區，在菲利福爾大道（avenue Félix-Faure）住了下來。

「Nexway 的工作很棒，同事很好相處。我和公司執行長吉爾‧希戴（Gilles Ridel）的關係很好。在我的職業生涯中，Nexway 的經歷最為充實，各個層面皆是。」

2007 年夏天，馬克和十來個朋友到日本旅行，那是御宅族的朝聖之旅。

「出發前，我邀請了所有人到家裡，以清冰箱為藉口拚命往他們嘴裡塞鹹派和蘋果派。」

那是他生命中最美好的時光之一。參與這趟朝聖的成員皆以玩家代號互稱，比如 Hakai（破壞者）、BombStrike 或 Ookami（狼）等。馬克甚至不敢肯定自己是否記得這些人的本名。

「我們分成兩組，我那一組住在埼玉縣大宮附近的一家旅館。我馬不停蹄，去了奈良、東京、大阪，幾乎把每座寺廟都參訪了一遍，還去看了幾個歷史遺跡，重點是我走了很多路。我也拍了一堆照片，要看嗎？」

我婉拒了他的好意，畢竟我在日本住得夠久了。

兩年後，馬克的外婆辭世，他在 2009 年決定和外婆的貓一起移居東京。他申請調動至 Nexway 甫在日本收購的公司 CoGen Media。2009 年 6 月 18 日，他和小貓 Tibane 踏上日本的土地，直接搬入位於東京的新公寓 Fleur-Tsuzuki 102 室。

馬克「從不覺得法國是自己的家」。他熱愛日本當地的生活，喜歡在 24 小時營業的便利商店購物（法國非常缺乏這類商店），對郵局或交通等公共服務的快速與運作機制感到佩服。

「在日本，只需要 20 分鐘就能申請到健保卡，這件事在法國就複雜了，所需的時間難以估計。」此外，他也很滿意日本的社會健康保險制度和法國一樣，費用不高。

有人把他遺忘在公園長椅上的筆電送回來物歸原主這件事，尤其令他讚賞。「要是在巴黎，筆電早就被偷走了。」當然，這很難不讓人聯想，一個會

把筆電留在公園忘記帶走還期望有人會送還的人，是否適合維護一家每日經手數百萬美元的企業的安全系統。但這又是另一個故事了。

馬克欣賞日本人的禮儀，這種天生的特質讓他很容易融入他們的社會。「地鐵上的人都很客氣有禮，就算心情不好也一樣。」他特別提出這點。法國人完全相反。「每天走進歌劇院的地鐵站時，我就會把包包緊扣在胸前，深怕一不小心就被偷走。」

不過，最令他心儀的還是動漫文化。他可以在日本的次文化中心、動畫與漫畫聖地秋葉原的女僕咖啡廳泡上好幾個小時；那裡的女服務生會穿著女僕服裝，對著你喊著「主人」。

定居東京兩個月後，他辭掉原本的工作，成為自僱者，並在 2010 年 10 月 29 日創立了自己的公司：Tibanne 有限公司（名稱來自外婆的小貓）。Tibanne（這裡指的是公司而不是貓，後者的名字裡只有一個 n）提供架設主機與程式開發的服務，由

馬克一人獨攬所有工作。他也為其他公司工作，就像個網路浪人（浪人指的是失去主公的武士）。這椿生意還算成功，馬克也因此換了一套高級公寓，甚至還得到與現實世界的女人接觸的機會——這次是 3D 活生生會呼吸的女人了。

然而，這片華景上仍有一個汙點。博塔在這時發現馬克轉移了客戶資料與網域位址。馬克有意以 2700 美元收購，博塔拒絕了這項提議，並提出告訴。馬克未出庭受審，並因此被判有罪。他曾在部落格上寫一篇文章，述說自己在 21 歲前曾兩度遭警察逮捕，其中一次是因為駭客行為被判三個月可緩刑的有期徒刑。除此之外，他略過了其他細節。儘管過去他和所有人一樣裝死度日，今日的他似乎在日本覺醒了，過著很有自覺的生活。Tibanne 為他賺入許多財富，同時也讓他的視野更加開闊。

他第一次接觸到比特幣就是因為這家公司。2010 年，一名住在祕魯，偶爾請馬克協助事務的法

國友人威廉‧韋斯（William Waisse）詢問能否以比特幣支付欠款。馬克當時毫無概念，待韋斯解釋後，他從此迷上了這個貨幣。

馬克本來就對量子物理、程式碼、公式和科技充滿熱情，現在的他更認為這個虛擬貨幣的機制美妙無比。

「這個概念很有趣，是個強大的開源軟體實驗……對密碼學的應用非常完善，而且勢不可擋。這樣的東西當然很吸引我，令我著迷。」

這時，一個想法閃過他的腦海：設計一個合適的平臺，成為比特幣交易所。一個能售出和購入比特幣，同時也能簡化虛擬貨幣消費方式的平臺。當機會來敲門時，他已準備就緒。

比特幣大騙局

Chapter 2

尋找中本聰

馬克發現比特幣的存在時，身為記者的我也才剛走進這個新世界。馬克的人生在發現這項科技後變得完全不同，而我的人生也在接連發生兩場災難後轉了彎。2010 年，我的處女作《東京風雲》在好幾個國家上市，我也持續以日本為題寫作。當時，我已動筆寫作新書《日本最後一名黑道》(*Le Dernier des Yakuzas*)，同時繼續記者的工作，追蹤和犯罪及黑道相關的社會新聞。此外，我大概也稱得上一名私家偵探，受僱調查遭黑幫或其他犯罪組織滲入的公司。

某種程度上，極道至今仍是日本迷人的反文化（counterculture）*之一。至少在我以專家身分接受日本協會（Japan Society）的邀請至紐約參與黑幫電影節時，這一認知仍然適用。電影節的主題是「城市硬漢：罪惡、性與暴力史」，我在那裡見到了《計程車司機》(*Taxi Deriver*) 的編劇保羅・許瑞德（Paul Schrader）。他也是 1974 年上映、名稱簡潔有力的

黑幫電影《高手》（*The Yakuza*）的編劇，該片由勞勃・米契（Robert Mitchum）主演，薛尼・波拉克（Sydney Pollack）執導。

那晚，我在深夜回到飯店後，打了通電話給在日本的客戶。對方先前請託我看一眼和組織犯罪有關的公司名單。正當我說明見解時，他打斷我：「大樓在晃。」幾秒後，我聽見櫃子倒下的聲音。

「傑克，我覺得是地震。」

「快出去，我們晚點再聊。」

「好，再見。」

我們的對話停在這裡。

那是 2011 年 3 月 11 日。東北地方太平洋近海地震。同一天，福島（Fukushima）第一核電廠的三個反應爐爐心熔毀，導因之一為該廠已有 40 年

---

*或稱非主流文化，是亞文化的一種。其倡導的價值觀與行為規範往往與主流文化截然不同。

歷史。日本通訊受阻，我的回程班機停飛。我一心掛念在日本的友人和我愛的人是否平安，但當時唯一還能正常運作的通訊方式似乎只剩 Twitter。

《野獸日報》的盧卡斯‧惠特曼（Lucas Wittmann）在此時聯絡上我，詢問是否能提供地震的消息。他需要任何能夠成篇的報導。我解釋自己身在紐約，但正嘗試回到日本。

最後，我找到幾個門路，包括一位被我視為朋友的黑道老大。他告訴我，他和其他幫派組織正把食物和日常用品裝上卡車，準備運往災區救助。我半信半疑，直到他傳來影片，我當下就決定了這篇動人報導的標題為〈黑幫救援任務〉。這是我為《野獸日報》撰寫的第一篇文章。

我致電盧卡斯，並承諾一回到日本——那個核災正迫在眉睫的國度，就會動筆。我預想了所有最糟的狀況。當下除了擔憂還在東京的法國室友卡蜜兒外，也掛心其他朋友。登機前，我買了一些碘片、

衛生紙、即食品和其他生活用品，都是要送到黑道老大手上賑災用的。這種時候，黑道的機動性比紅十字會好得多。至於用來預防甲狀腺癌的碘片，則是給要深入輻射汙染地區的人服用的。

　　若不是一場個人的災難在我抵達東京時降臨，我想我也會隨行進入災區。當時的我搭乘一班只有我這個乘客的飛機降落在成田機場，又見住家附近的超商已被搶購一空，架上僅剩一捲衛生紙，心裡已經夠慌張了。但躺在我的信箱裡等待我的，竟是更沉重的打擊。

　　那是我在出發到紐約前做的健康檢查報告。醫生在我的肝臟發現一個三公分大的腫瘤。是癌症。

　　我的世界崩塌了。當下的我覺得未來一片黑暗，而這種預感其實離現實也不遠矣。多年後，我因緣際會訪問了 311 大地震時的首相菅直人。他坦承地震後其他反應爐的確有可能接連熔毀，他認真考慮過淨空東京。多虧美軍和日本自衛隊的知識交

流與通力合作，日本才不至於淪為核災的暗黑舞臺。

同年 3 月 28 日，我生日。那天，我思考人生、思考了工作的意義。我發現，愈是深入瞭解真相，愈能看到被忽略的驚人事實；那些潛在的風險長期被忽略、漠視，甚至是被粉飾扼制。這種現象在東京電力公司（Tokyo Electric Power Company，TEPCO）位於福島的電廠出事前就已存在。我因此頓悟了。

黑道不是日本最嚴重的問題，TEPCO 是；特許 TEPCO 繞過安全性漏洞，愚蠢地推動一個位於所謂環太平洋火山帶（Pacific Ring of Fire）上的國家發展核能的自民黨（Liberal Democratic Party）也是。黑社會組織是日本的汙點，但絕非萬惡之源。

因此，我放下了對組織犯罪的調查，開始研究日本核能史，深入瞭解過去發生過的事故因果，並著手撰寫與核子反應爐產生的問題相關的文章。

2012 年 12 月，自民黨再次執政後，日本開始

比特幣大騙局

實行安倍經濟學（日本首相安倍晉三的經濟政策）。我看著日本社會倒退，過去所做的努力付諸流水，也目睹新聞自由凋零。當時日本的世界排名從原本的 11 名退到 72 名，貧富差距日益升高，核子反應爐也再次啟動。安倍晉三正在改寫歷史。

當年，金額超過 10 億美元的奧林巴斯(Olympus)財務舞弊案*展示了麥可·伍德福特（Michael Woodford）身為一名誠實的執行長、一名企圖做出正確決定的局外人，揭露一個腐敗的管理系統會發生什麼事。事實證明，在當代日本，想當一個好人就得接受懲罰：Olympus 和國家媒體竭盡全力擊垮一個試圖拯救公司的執行長。於是我開始大量撰寫其他主題的報導，社會不公、社會變革和日本面臨

---

*2011 年 10 月，甫任職 Olympus 集團執行長的伍德福特因揭發該公司長年財務報表舞弊，兩週後就被解聘。該案件是日本最大的經濟醜聞之一。

的其餘問題，都成為我感興趣的領域。

在我經常撰稿的《大西洋連線》(*The Atlantic Wire*) 收刊後，我在《野獸日報》的文章日益增多。我和曾在時事通信社 (Jiji Press) 工作的瑞士記者娜塔莉搭擋，挖掘更多資源和主題。

我們撰寫的主題包含：跨國婚姻中的兒童誘拐問題，也就是父母一方擅自將小孩帶回日本的情況〔這一行為違反了《海牙收養公約》(Hague Adoption Convention)，而日本並未簽署這項公約〕；一名駭客陷害四名無辜民眾涉嫌網路威脅，目的僅在愚弄檢警；政府違背民意、強制通過的捕鯨政策；一名女記者在公開核能工業情報來源後遭受各界騷擾；政府偷渡法律、防礙新聞自由；進行掌紋手術，更改生命線，希望藉此改變命運的人。

我們合作無間，這樣的模式持續多年。直到那天，2014 年 2 月 24 日，我的 E-mail 信箱收到一封

比特幣大騙局

來自加拿大同業的信件。信件標題為「東京比特幣
搶案？」

一開始我不太明白這封信的含義。

嗨，傑克，

你聽到這個消息了嗎：http://www.thestar.com/
business/2014/02/25/major_online_bitcoin_exchange_
mt_gox_vanishes.html

我對事件的來龍去脈不是很瞭解，但看樣子是
有個位於東京的比特幣交易平臺在網路上蒸發了，
還有很多人的錢也跟著消失不見……

看起來美國人和烤牛肉（les Rosbifs，法國人
對英國佬的戲稱）正著手調查。我在想你有沒有聽
到什麼風聲，這件事會不會跟黑社會有關，畢竟這
些人跟金融市場脫不了干係……

祝好。

我當時對比特幣一無所知。最初，我還以為那只是在網路上流通的收藏幣。在讀過他寄來的文章後，我展開調查，用各種方式搜尋 Google 上可以找到的資料，最後發現了一位名為 Satoshi Nakamoto 的人寫的文章。

　　這件事引發我的好奇心。在這之前，我完全沒有想過有一種可以在市場上流通的虛擬貨幣。更令我驚訝的是，該貨幣是由一位名為 Satoshi Nakamoto 的日本人發明的——儘管我們對這個人一無所知。

　　我當下明白，如果馬克・卡佩雷斯的比特幣交易平臺 Mt. Gox 倒閉，寫一篇報導將是勢在必行之事。事實上，Mt. Gox 的失敗可能導致比特幣就此陣亡。這件事的重大後果，連我都能料想得到。畢竟，傳聞有將近 10 億美元的比特幣不見了，有些報導稱消失的比特幣多達 70 萬枚。

和娜塔莉通過電話後，我們便展開調查。她發現澀谷有個比特幣同好活動，我們便到現場採訪Mt. Gox的客戶對這件事的看法，同時也和到場的虛擬貨幣專家談論相關議題。

幸運的是，我遇上了一名Mt. Gox的員工，而他正好和我有共同的朋友。這位先生把我介紹給他認為也許願意談論這件事的人。同一時間，娜塔莉努力追溯Mt. Gox文件外流的源頭。這時的我們已經明白這件事的嚴重性了。

《野獸日報》對這個案件產生了興趣，我們在煞費苦心好一陣子後也總算完成了一篇報導；報導中，我們揭示了Mt. Gox在管理層面的不利條件。這篇報導是在該公司宣告破產前幾個小時發布的，對《野獸日報》和我們來說，都是個大獨家。

　　所有的媒體一窩蜂湧向比特幣。2014年3月6日，改版後的《新聞週刊》(*Newsweek*) 在頭版刊登了一篇報導，標題是〈比特幣背後的神祕人〉，他們聲稱已經掌握發明這個虛擬貨幣的傳奇人物，並且在他位於洛杉磯近郊的小屋內與他對談。

　　這篇頭條在我們的那篇報導刊出後一個月出現，不免引起了我的注意。幾天後，我收到一封來自《野獸日報》總編輯約翰·艾弗隆（John Avlon）的電子郵件，表示希望我們能通個電話。

　　一般而言，總編要你打電話過去，絕非好事。我帶著忐忑不安的心撥了他的號碼，但他並沒有任何責怪之意。相反地，他需要我的協助。

　　「傑克，聽好了，我想你也知道，《新聞週刊》和《野獸日報》以前都隸屬於同一集團。如果他們真的找到了那個發明比特幣的人，那很好，是好事。可是如果他們找錯人了呢⋯⋯不就正好給了我們後來居上的機會嗎？」

我拿著電話下意識鞠躬：「我會盡力的。」

艾弗隆問我，Satoshi Nakamoto 有沒有可能不是日本人。

「總之，他的姓名的確是日文；不常見，是很少用的漢字。至於他是不是日本人，沒有人敢肯定。」

艾弗隆大笑：「也許你會在電話簿裡找到他吧，祝你好運！」

這就是我完全陷入比特幣世界的原因。

我重讀《新聞週刊》的那篇報導，確認他們握有的資訊：他們聲稱，虛擬貨幣的發明者名為多利安‧中本（Dorian Satoshi Nakamoto），住在洛杉磯近郊。然而，這位 64 歲的日裔美國人對外表示，記者莉亞‧麥格拉斯‧古德曼（Leah McGrath Goodman）對他有所誤解。

這位記者當時聯絡了數名姓氏為 Nakamoto（中本）的人，但似乎都不是她在找的天才發明家。由於聯絡不上多利安，她便親自跑到洛杉磯，準備當

面對質。曾經擔任美軍機密任務承包商的多利安用這句話迎接她：「我跟這件事已經沒有任何關係了，而且我也不能多談。」

她抓住了這句話作為證據。

報導刊出後，媒體爭相聚到他家門口，但這名老者否認了人們的臆測。他明確表示先前的發言實屬誤解，他家甚至連網路也沒有。一個沒有網路的虛擬貨幣天才？事有蹊蹺。

3月9日，多利安接受日本最大的日報（也是我第一份記者工作所在）《讀賣新聞》的獨家專訪。訪談中他再次否認比特幣發明者的身分，並且表示「幾個星期前才第一次聽說（比特幣）。」

此外，他也補充在麥格拉斯登門提問的那天，他一開始說的是：「就算我真的參與了……」，因為他當時以為記者是來採訪他為美軍進行的機密任務。

種種因素都指向多利安不可能是全世界都在找的 Satoshi Nakamoto 本人，但《新聞週刊》選擇

避重就輕。真正的中本應該擁有一小筆財富才對，他最早挖出的比特幣估值介於 5 億至 10 億美元之間。然而，多利安的房子已經被法院查封，他也因為健康問題一直需要用錢。

另一方面，早期的比特幣信徒也已提過，真正的 Nakamoto 不太可能是日本人，因為他從不使用日文。說得更詳細一點，他以完美的英文寫作，而且使用英式拼寫。反觀多利安雖是日裔美國人，但他的母語無庸置疑是日語。

多利安也指出一件相信很多人都會認同的事，「邏輯上來說，比特幣的發明者絕對不可能以本名示人。」為了在網路上持續以匿名活動，他付出了許多代價。

另一個對《新聞週刊》不利的細節是 Satoshi Nakamoto 這個名字的獨特寫法。2008 年發表的那篇說明虛擬貨幣的文章裡，他只署名 Satoshi Nakamoto（沒有漢字）。但日本的書寫系統以漢字為

基礎，由拉丁字母拼出的名字事實上是不足以識別一個人的身分的。

直到 2011 年，日本網站 bitcoin.co.jp 有一篇譯自他 2008 年發表的文章，首次出現了 Satoshi Nakamoto 的漢字。翻譯文章的人所選用的漢字是中本（Nakamoto）哲史（Satoshi）*。

日本大約有 4 萬人姓中本。我在記者資料庫裡搜尋了這個姓氏。這份資料庫是過去 20 年來 150 份在地報刊雜誌的掃描檔，而我只在裡面找到兩個拼法完全相符且仍然在世的日本人。

雖然自覺傻氣，但我還是決定一一撥電話給這些 Satoshi Nakamoto。這些人大多對比特幣毫無概念。事實上，我也相差不遠。當時的我大致瞭解它的運作機制，但瞭解的程度大概跟我瞭解自己那輛速霸陸（Subaru）汽車怎麼前進差不多而已。

接著，我又聯繫了所有和 bitcoin.co.jp 網站有

關的人，試圖找出翻譯了那篇文章並且替 Satoshi Nakamoto 選擇漢字的藏鏡人。老實說，我甚至不敢肯定這位神祕的聰哥是否自己翻譯了那篇文章。

愈是深入其中，愈覺謎霧重重。

後來，我發現《新聞週刊》刊登報導後的隔天，也就是 3 月 7 日，那位人們心中的正牌 Satoshi Nakamoto 在 P2P 基金會（P2P Foundation，一個研究點對點技術對社會造成影響的組織），也就是當初虛擬貨幣文章首度發表的平臺上，用了一個荒廢已久的帳號發文，那則訊息很簡單：

「我不是多利安・中本。」

在此之前，中本上一次現身網路世界是 2009 年 2 月 18 日在平臺上回覆另一名使用者的留言。之後，他就從這個論壇消失了。

---

*本地媒體多使用中本聰為譯名，但日媒習慣以中本哲史稱之。

　我不知道該從何著手才能找到可靠的消息，只是開始明白我的目標不在日本。日本警方有這麼一句老話：「現場百回。」*（另一種說法是「犯案之人，必將回眸。」）

　問題很多，答案很少。為了擺脫這個困境，我和同樣在調查這件事的《紐約時報》(*New York Times*）記者田淵廣子結盟合作。我們分享彼此的記錄，達成共識：我們唯一可以確認的是我們對此事幾乎一無所知。中本聰可能是任何人。

　我心想，如果假裝成中本，不曉得會發生什麼事。說不定他會因為受到刺激而聯絡我。這方法值得一試。

　Twitter 的使用者除了帳戶名稱外，個人的顯示名稱是可以更改的。我的帳戶名稱是@jakeadelstein，但我把顯示名稱改為 Satoshi Nakamoto，一字不漏寫出全名。接著，我又慫恿朋

比特幣大騙局

友和一些比特幣的信徒們照做。事情自此變得有意思起來。

　　不久後，我開始收到來自各家媒體記者的訊息：「您真的是 Satoshi 桑嗎？」我一律回覆：「我們是一個團隊，這裡有很多 Satoshi :-D」我們甚至改編了約翰‧藍儂（John Lennon）的《想像》(*Imagine*)，為中本聰創作了一首頌歌。

　　　　想像（你就是中本聰）。

　　　　想像，沒有法幣的世界。

　　　　你能想像嗎？

　　　　一個只有 #bitcoin 的世界。

　　　　一個博愛的世界。

　　　　想像一下，生活沒有現金。

*意思是線索就隱藏在案發現場，即使探訪 100 次也要仔細調查。

想像再也沒有雙重支付。

沒那麼難的，

不再需要支付手續費。

不再依靠中央銀行。

想像自由和平的世界。

你說我做著白日夢

但我不是唯一的一個

購入幾個比特幣

在它們被挖完以前。

　　這場惡作劇持續了一週後，愈來愈多人加入我
們，就像電影《萬夫莫敵》(*Spartacus*) 的終局場面：
「我是中本聰！」直到 Twitter 禁止新用戶加入我們
的遊戲前，約有 20 多個人響應。

　　我把手中的資料寄給《野獸日報》，2014 年 3
月 11 日，標題〈籠罩比特幣開發者的濃霧漸重〉的

報導刊出（這個標題不是我最中意的，不過反正沒人詢問我的意見）。

艾弗隆對這篇文章很滿意，主要原因是它證明了《新聞週刊》誤入歧道。文章的最後一段如下：

羅生門？聽過這個用語嗎？這部黑澤明導演的經典電影，是用來說明各種因素導致情況撲朔迷離的最佳案例。電影述說在竹林中發生的武士命案，案情因關鍵人物交織而矛盾的供詞陷入膠著。關於案情的說詞共有四個版本：剛出獄的強盜、樵夫、行腳僧和藉靈媒之口而言的武士靈魂。這個故事正如中本聰的身分，真相如墜入五里霧般迷失在網路竹林中。

對我來說，謎團從未解開，我必須重頭來過，爬梳所有細節。以下是我的發現。

2008 年 8 月 18 日，網域 www.bitcoin.org 透過

尊重客戶隱私的 anonymousspeach.com 網站註冊，應是 bitcoin 一詞首次出現。

2008 年 10 月 31 日，中本聰在論壇 P2P 基金會上公開發表了一篇名為〈比特幣：點對點電子現金系統〉(Bitcoin: A Peer-To-Peer Electronic Cash System) 的文章。這篇以精準英文書寫的文章掀起了一股革命浪潮。文章詳細說明了一種用以開發貨幣的演算法，一種可以透過網路操作、不需銀行介入、去中心化的數位貨幣。這個概念並非新創，但之前從未有人像中本聰一樣付諸實行。簡而言之，他設計了一個生產數位黃金的系統，而且就理論而言，這個系統無懈可擊。該程式的設計模式規定比特幣限量發行，藉此避開通貨膨脹的問題，因此，比特幣的總量只會有 2100 萬枚。此外，他也預設每一筆比特幣交易都會被記錄在一個公共帳冊之中，即所謂的區塊鏈，幾乎沒有造假的可能。

這些全都寫在一篇長達九頁的文章中。

這個藍圖非常誘人，但在沒有軟體支援的情況下，也不過是一堆理論而已。文章並沒有提供太多關於中本聰的訊息，我們唯一的收穫是他的生日，1975 年 4 月 5 日；換句話說，2019 年時他正值 44 歲。這項資訊是 P2P 基金會論壇在用戶註冊時要求的少數個資之一，但我們還是無法確定他是否和取筆名一樣，也給自己設了一個假生日。對比特幣的信徒而言，這並不重要，他們照樣在這一天慶祝他的生日，正如我們在 12 月 25 日慶祝耶穌誕生。唯一的區別在於，這些人假定這個日期是隨機選擇的。

最後，我意識到，要想找到中本聰，就得先學會比特幣的運作方式，並瞭解他為什麼開發了這個系統。請遵循用戶指南，謝謝。

我認為對比特幣最好的說明來自美國聯邦法院的審判記錄，以下這段話摘錄自美國國稅局（IRS）調查專員提格蘭·甘巴揚（Tigran Gambaryan）的報告。這位人稱「區塊鏈魔術師」的探員能夠直接

透過讀取交易帳冊，追蹤利用數位貨幣洗錢或是在
駭來的帳戶中藏匿比特幣的嫌犯。他的說明如下：

比特幣是一種可以自由兌換且去中心化的錢
幣，透過一個同樣去中心化的分散資料庫（稱為「區
塊鏈」）在網路上使用。這種貨幣不是由政府、銀
行或公司行號發行的，而是由一個在去中心化網路
中運作的開源軟體產生和控制。

一般的用戶可以向比特幣賣家或者透過「交易
所」（exchanger）購買比特幣，也可以透過所謂的
共識機制（即著名的區塊鏈）來挖掘新幣。比特幣
（BTC）僅是市場上為數眾多的虛擬貨幣之一。

交易所平臺接受用戶使用法幣（fiat currency）
或其他可兌換的虛擬貨幣支付，以購買比特幣；平
臺撮合買家與賣家後，雙方就可以進行交易。

用戶一旦買進比特幣，錢幣就會轉入該用戶的
錢包地址。一組錢包地址有如銀行帳戶，包含了

26 至 35 個大小寫英文字母和數字。接著，用戶即可透過網路再次和其他用戶進行交易，把比特幣轉至對方的錢包地址。

交易的兩個階段間會需要的個人資料趨近於零。交易機制需使用兩把密鑰：公鑰與私鑰。公鑰用於接收比特幣，私鑰則用於授權取用。

試想：公鑰就像你在瑞士銀行的保險箱，所有知道帳號的人都可以存放物件。而私鑰就像保險箱的密碼，擁有這組密碼的人才能開鎖並取出裡面的東西。

2009 年 1 月 3 日，中本聰啟動運作程式，產生第一批比特幣，這個過程的專有術語叫做「挖礦」（mining）。後來人們把這個包含了第一則數據的區塊稱為「創世區塊」（genesis block）。中本聰在創世區塊中隱藏了一個代碼，足以推測他的個性和開發

這種貨幣的動機。該代碼包含了一個指向當天《泰晤士報》(*The Times*) 一篇報導的連結,報導的標題是〈財政大臣考慮對銀行第二次紓困〉。

當時,雷曼兄弟(Lehman Brothers)破產與金融市場崩盤產生的衝擊仍在世界各地蔓延。在這樣的背景下,把新聞報導的標題嵌入代碼中可不是鬧著玩的,而是切實傳達了比特幣的重要性。第一批比特幣被挖出幾天後,中本聰公開了原始碼與軟體,允許任何人自行挖礦。一名開發工程師很快就下載了,他就是網路密碼學和網路隱私專家,時年 52 歲的哈爾·芬尼(Hal Finney)。

1990 年代左右,芬尼參與了密碼龐克〔Cypherpunks,由 cyberpunk(賽博龐克)和 cipher(密碼)組成〕的地下活動,倡導廣泛使用網路密碼學的技術和工具保障網路上的個人自由與隱私。

哈爾·芬尼和中本聰一起為開發比特幣的程式編碼。關於比特幣的創始,有件事很容易被世人遺

比特幣大騙局

忘，那就是在中本聰構思出比特幣的原則後，許多工程師都加入寫比特幣開源代碼的行列，實踐他的理念。也就是說，這是集體開發的成果。事實上，現今的開源代碼的確只有 15% 是中本聰本人撰寫的。

　　哈爾‧芬尼後來在 2014 年 3 月發表了一篇論壇文章，敘述這個雛型階段：

　　中本聰公告程式上線後，我馬上就下載了。我想我應該是在他之後第一個開採比特幣的人。我挖出了編號七十幾的資料塊後，在幾天之內聯絡了他，主要的目的在於指出程式中的缺陷與問題，並和他一起解決。

　　幾天後，比特幣的程式碼修好了，我也不再干預。而後，我又挖了幾個資料塊，但我的電腦開始過熱，風扇的運轉聲令我厭煩，我便停止挖礦了。現在回想起來，我當時應該讓電腦再多運轉一陣子的。但從另一個角度來看，我參與了這場冒險的創

始，已經是很幸運的事了。

可想而知，不少人懷疑芬尼就是中本聰本人。但他始終矢口否認。2009 年 10 月，他被診斷罹患了肌萎縮性側索硬化症（amyotrophic lateral sclerosis），一種神經退化性疾病，健康狀況急轉直下。對他而言，比特幣也不再是優先事項了。

2014 年，在完全癱瘓前不久，他曾寫道：

在停止挖礦後，直到 2010 年以前，我都沒有再聽到任何關於比特幣的消息。這場冒險持續進行著，而且比特幣的價值也提升了，這些事讓我感到十分驚訝。於是我撣去虛擬錢包上的灰塵，看到比特幣都還在時，鬆了一口氣。眼見價格不斷上漲，我把比特幣存到一個離線帳戶裡，希望在我死後它們還能保有價值。

寫下這幾行字時，他只剩幾個月的生命了。他應該也意識到自己的時間所剩無幾，開始思考為孩子們留下些什麼。於是又補充道：

我所有的比特幣都放在一個保險箱裡。我的子女們都知道這件事。我想他們會知道應該如何處理的，而他們也會受到保護。我並不擔心。

另一方面，據說中本聰本人握有 100 萬枚比特幣，分別存在不同的帳戶，這大約占所有流通比特幣的 5%。哈爾‧芬尼死於 2014 年 8 月 28 日，遺體冷凍保存。在那之後，中本聰就沒有在網路上發表過任何訊息了，這似乎證實了哈爾‧芬尼即是中本聰的假設。

2014 年 9 月，我仍持續追蹤著 Mt. Gox 倒閉的消息。那時，我發現一個也許可以透露中本聰身分

的人物。

9月8日，一名自稱 Savage 的駭客駭入中本聰在 gmx.com 註冊的信箱，並在一個專門的網站上公告：出售中本聰相關文件。

他承諾手中握有足以確認中本聰身分的細節，希望藉此換取 25 枚比特幣（時值約 2 萬 4000 美元）。眾人在第一時間一致認為這是一則詐騙訊息，直到 Bitcointalk 論壇的管理員在 9 月 8 日公告證實中本聰的信箱遭人駭入。

幾個小時後，P2P 基金會論壇上出現另一則訊息：

親愛的聰，您的文件、密碼和 IP 位址正在暗網中拍賣。顯然最近您的 Tor＊設定有些問題，也可能是您在 2010 年登錄時曝露了 IP 位址。您必須在人們湧向您之前，馬上離開所在地。感謝您發明了比特幣。

　　我和其他想獲得更多關於這個男人資訊的人一樣守在電腦前，等待這件事的後續。我先撥了電話通知《野獸日報》的編輯。然而，所有人的等待都在 GMX *刪除所有帳戶數據時落空了。中本聰的真實身分也因此再度成謎，而總部位於德國的 GMX 母公司並未對此發表任何說明。

　　那名駭客是否在帳戶關閉前存取了相關資料？他手中原本握有多少資訊？這些問題的答案只有他自己知道，而他卻自此銷聲匿跡。又是一條死胡同。

　　從那次起，只要有人聲稱是中本聰，我就會循線調查，卻總是緣木求魚。以下是幾個可能人選：

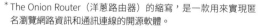

＊The Onion Router（洋蔥路由器）的縮寫，是一款用來實現匿名瀏覽網路資訊和通訊連線的開源軟體。

＊即 Global Mail Exchange，提供免費電子郵件信箱服務，支援無限的信件容量、2GB 網路硬碟空間等。

1. 約翰‧納許（John Nash）

　史上最重要的數學家之一，以他為主角原型的傳記電影擁有多項奧斯卡獎光環*。納許不是凱因斯（John Keynes）經濟學的信徒，而且連編寫基礎的機臺遊戲程式碼的能力都沒有。更何況他已經與世長辭。

2. 尼爾金（Neil King）一行人

　2008 年 8 月 15 日，就在中本聰註冊 bitcoin.org 網域前三天，尼爾金和弗拉基米爾‧奧克珊（Vladimir Oksam）、查爾斯‧布里（Charles Bry）三位學者為類似比特幣的加密系統申請了專利。但我一點也沒有被說服。

3. 望月新一

　日本數學家，過著隱居的生活，不是程式設計師。我曾在研討會上遇見他，聽見我假定他就是我

們在找的男人時，他當場嗤笑了一番。

4. 戴維（Wei Dai）

密碼龐克的成員之一，毫無疑問是虛擬貨幣的支持者。他個人否認中本聰的身分，且寫作風格與中本聰相差甚遠。

5. 克雷格‧萊特（Craig Wright）

疑點重重的澳洲商人和 IT 專家。成功操控部落格 Gizmodo 和 Wired 雜誌發布一篇他自稱為比特幣發明者的文章。

我的口袋名單中還有另外一些人時不時會浮出檯面，例如出色的程式設計師尼克‧薩博（Nick Szabo）。然而，至今沒有一人完全符合中本聰的身

---

*此處指電影《美麗境界》（*A Beautiful Mind*）。

分條件。

　　針對任何聲稱自己是中本聰的人，有個萬無一失的驗證方法：要求他動用最早挖出的比特幣，也就是區塊鏈最前端那些不曾流通、可輕易透過其序號辨識的比特幣，藉此證明身分。

　　所有人都想知道中本聰是誰，也有一些人想對他的財富伸出魔爪。而美國中央情報局（CIA）則擔憂他會用手中上百萬的比特幣搞垮世界經濟。「中本聰極有可能為勢力強大的敵方陣營或自詡為自由主義鬥士的恐怖分子服務。」一位退休的間諜在華盛頓特區僅存的不禁菸酒吧中啜飲著雞尾酒，向我透露這則情報。除此之外，他沒有其他更值得參考的資訊了。

　　中情局最擔心的是中本聰大量拋售手中的比特幣，這會讓比特幣和以太幣（ETH）、瑞波幣（XRP）之類的虛擬貨幣價值大幅下滑。一旦發生這種事，

各交易所將被急於拋售比特幣的用戶淹沒，在平臺沒有足夠法幣兌換比特幣的情況下，導致全球經濟大危機。

另一位曾任職美國國家安全局（NSA）的分析師聲稱自己可以破解原始碼（source code），但在苦心積慮嘗試後卻徒勞無功。他跟我說這是不可能的任務。「這東西絕對是世界上最極端的偏執狂設計的。他對網路攻擊瞭若指掌，早就預想到所有可能的攻擊形式，事先想好了對應策略。」

中本聰在活躍期間寫過許多東西。然而，儘管分析了他所有的訊息、電子郵件和文章，也很難摸透文字背後的他。有一些和他保持聯絡的人試著對他釋出善意：

「無論您在何方（是否慶祝聖誕節），都祝您聖誕快樂。」

但中本聰的回信只有提到自己發現了一個程式

錯誤。

　　儘管如此，即便我不知道他的真實身分，我還是覺得自己瞭解這個人。我敢肯定他是個英國人，或者曾經長期住在英國。畢竟他在創始區塊引用了《泰晤士報》的新聞，書寫時也習慣使用英式英文。

　　瑞士程式設計師史蒂芬・湯馬斯（Stefan Thomas）*是虛擬貨幣的狂熱擁護者，他曾檢視中本聰發出的 500 多則訊息，發現沒有任何一則是在格林威治時間的午夜 12 點至清晨 6 點間發布的。

　　因進行史上第一筆比特幣交易（以 1 萬枚比特幣換取兩個披薩）而為世人所知的工程師拉斯洛・漢耶茲（Laszlo Hanyecz），曾和中本聰往來數百封電子郵件，也注意到他大多是在週末回信，由此可知中本聰有一份正職工作。

　　他的電子郵件也瀰漫著一股偏執——害怕國家干預、總是操心程式碼錯誤過多、擔憂比特幣遭駭。

但這種偏執絕對有它的道理。

在撰寫中本聰相關報導多年後，我又在一家
煙霧瀰漫的爵士酒吧和馬克共飲酒漬咖啡。馬克吃
著肉桂吐司。我請他透露自己和中本聰的關係。畢
竟，長期以來，日本警方都認為他就是那個人。

「你知道 Satoshi Nakamoto 的漢字怎麼寫吧？」

「當然。可是沒有人知道那幾個漢字是怎麼選
出來的。」

「呵，」他咧嘴而笑，「是我選的。我把他的文
章翻譯成日文的時候，選了我認為最適合代表他的
漢字：中本哲史。『現實的中心』和『歷史的智慧』，
選得不錯吧？你不覺得嗎？」

---

*湯瑪斯曾因比特幣登上各國新聞版面。原因是他在 2011 年製作
了一支《什麼是比特幣？》的科普短片，獲得 7002 枚比特幣作
為報酬。他當時將比特幣存放在 IronKey 加密型隨身碟（這款
硬碟只提供十次輸入密碼的機會），密碼另外寫在一張紙條上，
後來才發現紙條不見了。他曾八次嘗試登入硬碟都空手而歸。

我就是這樣得知馬克就是漢字之謎的源頭的；同時，我也明白了，這最後一條線索並不能幫助我更靠近真相。

　　這是中本聰的禪意。

　　你對他知道的愈多，瞭解的就愈少。

Chapter 3

神奇的 Mt. Gox

沒有布道者傳播福音，宗教就不可能延續。

如果把比特幣視為一種宗教現象（事實上，有很多人真的把它視為信仰），那麼，中本聰可以說是它的上帝——儘管始終缺席、身分不明，地位仍不可動搖。而另一位創立多家新創公司，致力推動虛擬貨幣民主化的羅傑・維爾（Roger Ver）*被稱為「比特幣耶穌」亦是當之無愧。至於馬克・卡佩雷斯，大約等同於保羅、馬可、馬修和路可的合體，也就是神聖的使徒。馬克傳播的福音比任何人都要多，多虧了他和 Mt. Gox，人人都能輕易使用比特幣交易。在 Mt. Gox 的鼎盛時期，全球 80% 的比特幣交易都是透過該平臺進行的。

不過，雖說馬克是壯大 Mt. Gox 的功臣，網站的創建者其實是美國的開發工程師傑德・麥卡勒布（Jed McCaleb）*。他在 2007 年註冊了 mtgox.com 網域名稱。Mt. Gox 是 Magic: The Gathering Online eXchange 的縮寫，名稱源自專為卡牌遊戲《魔法風

雲會》(*Magic: The Gathering*，簡稱《魔風》) 設計的卡牌同好集換平臺，一個僅運作了幾個月便關站的網站。

也許你們想知道什麼是《魔法風雲會》?

請容我稍作解釋。這個網站和比特幣也許沒有直接關係，卻和比特幣的發行及幾位先驅有所關聯。魔風卡牌最初也是比特幣信徒間的共同點之一 (羅傑・維爾在青少年時期曾參與電競賽事)。這款遊戲由威世智公司 (Wizards of the Coast) 研發，1993 年上市 (我在同一年展開記者生涯)，是一種策略對戰的卡牌遊戲，也是最早的「收集與對戰」遊戲。

Chapter 3　神奇的 Mt. Gox

---

*維爾是比特幣第一個天使投資人，曾任 Bitcoin.com 執行長，持有的比特幣最多時高達 30 萬枚。他後來改為力推比特幣現金 (BCH)。

*麥卡勒布是瑞波實驗室 (RippleLabs) 共同創辦人及前技術長，後來自立門戶，另創跨境、跨幣種、低成本的支付網路平臺「恆星」 (Stellar)，其原生貨幣為恆星幣 (XLM)。

《魔風》最少由兩位玩家對戰，但一般會有三人以上進行。參與遊戲的玩家都是魔法師，任務是使用各種法術和神器擊敗遇到的生物。卡牌上的圖案以經典奇幻生物（仙子、半獸人等）和神話人物（半人馬、人面獅身等）為靈感繪製而成，目的在於創造獨特的世界。大致是寶可夢（Pokémon）和《魔戒》（*The Lord of the Rings*）的合體。

　　傑德‧麥卡勒布在 2009 年首次接觸比特幣後就對它產生興趣。他有意購入比特幣，卻發現購買程序極其複雜。當時，原本提供《魔風》卡牌交易的平臺已關閉數月，於是他便在 2010 年 7 月將它改造成比特幣交易平臺。簡而言之，他把比特幣加入網站的可交易物件選單中，用戶可以在改版過的網站用現金兌換比特幣。該網站因此成為市場上第一個提供這種服務的平臺。

　　網站在短時間內爆紅，傑德現在必須付出全心全意經營，但他無意繼續。其中一個主要的原因在

比特幣大騙局

於，使用 PayPal 付費的網站用戶抱怨手續費過高，一再要求退款。同時，政府當局也開始將比特幣視為潛在威脅，各種行政法規讓他很是困擾。

他開始尋找可以幫忙管理網站的人，也因此找上 Magical Tux，也就是馬克・卡佩雷斯。馬克當年來到日本並成立伺服器管理公司時結識了傑德。一開始，傑德只是諮詢管理建議，最後卻低價把網站賣給了馬克。

日本有句話說：「免費的最貴。」這句話用來形容這個情況再適合不過了。

麥卡勒布先是試探了馬克對這椿小生意的興趣。他清楚馬克對比特幣的熱愛，如果有人能經營比特幣交易平臺，那個人非他莫屬。而馬克也持有同樣的想法：「我敢肯定自己能設計出用日圓交易的平臺。萬事俱備，只欠東風。」

馬克愈是深入研究，對這種加密貨幣愈是沉迷。於是，他進行了一項實驗，把兩臺電腦連上網，

從一臺電腦把一枚比特幣寄到另一臺後再傳回來。一切都很順利：

「比特幣對我來說不是一種貨幣。我跟大部分的比特幣同好不一樣，我不是信奉自由主義的人。我最近剛得知有個比現行系統更好的支付方式。比特幣用起來很簡單。比方說，我當時的公司 Tibanne 不能接受信用卡付款。當然，用 PayPal 支付是可以的，但手續費非常高，更不用說要等上二、三個星期，錢才會進到你的戶頭了。

而比特幣呢，儘管不能馬上換成現金，但不出一個星期，那筆錢就會存到你的帳戶裡，需要的時候也能隨時取出。手續費呢？2014 年以前，我沒聽過什麼手續費。交易完成的速度非常驚人。」

運作上似乎沒有問題。

「現在只需要搞清楚有多少人真的有意願使用比特幣。假設電商亞馬遜（Amazon）突然開始接受比特幣，那麼規模太小的平臺肯定會馬上塞車。我

眼裡看到的是一個更大的版圖。」

　　然而，和大多數早期信徒不同，馬克並未將比特幣視為自由革命的工具。

　　「我認為政府的存在有其必要。公民付稅，警察維護治安，道路得以修整，人民生活平穩。日本的犯罪率特別低，健保制度就更不用說了。我們需要稅收制度來支撐政府……法國曾有過許多不同政體，首先是君主制，而現在則是第五共和時期。每一種政體都有缺陷，但我認為統一的制度比隨意的法律有用。我們需要組織，需要規則，安全需要受到保障——我們從錯誤中學習。」

　　馬克認為 Mt. Gox 是整合當時比特幣世界混沌之態的解答。可想而之，後來當然有些人落井下石：「把一個原本用來交易卡牌的網站改成數百萬美元的加密貨幣交易平臺……最後落到那種下場也沒什麼好意外的吧？」

　　事實上，在馬克買下 Mt. Gox 平臺前，已經出

現了不少問題。

　　娜塔莉和我為了追蹤報導而閱讀了馬克和麥卡勒布的往來郵件，發現該網站其實打從一開始就存在一些問題。這些文件來自 Mt. Gox 的前顧問；而後，我們又交給馬克的律師、舊員工和我們在警方那裡的聯絡人過目。以下內容為 2011 年 1 月 18 日，傑德‧麥卡勒布決定售出網站時寄給馬克的信。馬克和他當時僅是點頭之交。

寄件者：Jed McCaleb<jed@mtgox.com>

寄件日期：2011/01/18

收件者：Mark Karlepes<admin@mtgox.com>

　　嗨！馬克，

　　以下內容請保密，我不想造成恐慌。事情未定，但我想把 mtgox 賣掉。我手上還有其他案子要忙。你對這個網站有興趣嗎？我可以低價出售，換

取網站的利息收益等等的。近期有一筆資金會注入mtgox，預估在158K美元左右。你買下這個網站就能獲得這筆錢。

靜候佳音。

謝謝，

傑德

馬克接受了這項提議，並在 2011 年 2 月 3 日簽署一份附加條件極不尋常的購買協議。

賣方（傑德）在合約中註明「賣方對於 mtgox.com 是否符合美國或其他國家法律一事並不知情。」另外還有一條補償條款：「買賣雙方若獲得任何與 mtgox.com 相關的補助，或是因本合約而獲得利益，買方皆需補償賣方。」

馬克還是覺得合約的條件對他很有利：不需要履行保證金，只要和賣家均分前六個月的利潤。由於馬克住在東京，該網站的法律實體也直接轉移，

即日起，他就是 Tibanne 的子公司 Mt. Gox Co, Ltd 的老闆了。Tibanne 的股份百分百屬於馬克，但傑德卻保留了 12% 的 Mt. Gox 股份。

　　馬克應該更留意細節的。這場交易最大的問題在於，網站在此之前早已多次遭竊，損失了少量比特幣。或許當時他並沒有意識到問題的嚴重性吧。根據一些消息來源顯示，甚至連馬克簽約當天，Mt. Gox 也有少數的比特幣不翼而飛。而傑德當時竟要求馬克簽署保密條款。

　　接手 Mt. Gox 不久後，馬克才確認了這個網站失竊的比特幣多達 8 萬枚。2011 年 4 月 28 日，馬克收到的第二封電子郵件標誌了這場惡夢的起點：

寄件者：Jed McCaleb<jed@mtgox.com>

寄件日期：2011/04/28 22:33

收件者：Mark Karlepes<admin@mtgox.com>

我無法評估遺失的 8 萬枚比特幣以及比特幣的價值上升到 100 美元以上時，將會產生什麼樣的後果。對公司來說，這將是一筆龐大的債務，但我想 mtgox 應該也有為數不少的收益了。你可以往好處想，mtgox 的盈利不太可能低於 80k。所以，也許你沒什麼好擔心的。

　　我目前想到三種解決方案：

—用你的存款小額購入其他比特幣。幸運的話，你可以在價格上漲前填補這個大洞。

—一次購買大量比特幣（這麼一來，你的債務就會是美元，而不是比特幣）。哪天比特幣價值上漲時，你就賺到了。然而，這麼做的問題在於市場上流通的比特幣可能不夠。

—說服 Crystal Island 的客戶投資日圓。他們手中大約有 200 多枚比特幣，應該多少可以填補一些。或者，你也可以考慮自己挖礦。

傑德

　　我和娜塔莉試圖透過傑德‧麥卡勒布的電子郵件地址和社群網站取得聯繫，但接連幾週的嘗試都沒有得到他的回應。傑德在把 Mt. Gox 的責任交予馬克後，便投入開發新的虛擬貨幣，瑞波幣＊，這種貨幣的交易必須透過網路驗證者（Validators）之間的共識（Consensus）進行驗證＊。時至今日，麥卡勒布已成為全球富豪之一。回首過往，放棄 Mt. Gox 似乎是明智之舉。

　　比特幣安全公司 WizSec 的電腦安全專家金‧尼爾森（Kim Nilsson）追蹤 Mt. Gox 案件長達兩年。他向我說明：「如果兩人的信件來往屬實，那麼馬克和傑德早就知道 Mt. Gox 在 2011 年 6 月大規模駭客攻擊前就已丟失了 8 萬枚比特幣，而且傑德還提出了幾個方案來彌補損失。」至於後來他們兩個到底有沒有真的去嘗試其中任何一個方案，我們就不

得而知了。

2011 年 4 月，這 8 萬枚比特幣價值約 6 萬 2400 美元。

也許馬克當時把傑德的提議放在心上了，想著自己總會找到解決辦法。然而，幸運之神並未與他同在。比特幣的價格就在他試圖彌補赤字時爆漲了。到了 2011 年 6 月 2 日，他負債高達 80 萬美元。

不幸的是，由於簽署了保密條款，馬克不得不獨自面對這項艱鉅的任務——而且財務漏洞愈來愈大，比特幣的價格有時甚至以小時為單位上漲。

邏輯上，隨著價格爆炸式成長，用戶也會隨之增多。馬克收購 Mt. Gox 時，網站用戶約有 2000 至

---

*專為瑞波網路設計的加密貨幣，允許跨幣種的快速資金轉帳。它採用共識機制，透過節點（node）的同時確認，3～5秒內就能驗證新交易。

*它的早期版本只能在互相信任的熟人之間進行轉帳，現在有 80% 的節點同意即可，轉帳因此更加流暢。

3000 人。「我以為用戶人數會是持續逐漸增加的，這樣就能一邊發展一邊增聘員工。也許一年內用戶可以從 3000 人增加到 1 萬或 2 萬人吧。我當時是這樣想的。」

　　然而，該公司的成長速度太快了，使得它的發展不像正常的成長曲線，反而像是癌細胞般擴散。2011 年 4 月 20 日，記者安迪‧格林伯格（Andy Greenberg）在《富比士》（*Forbes*）雜誌發表了一篇名為〈加密貨幣〉的文章向讀者介紹比特幣。一時間，原本針對小眾的實驗搖身一變成為市場主流，全世界突然對比特幣產生了興趣。用戶數在幣值飆升的同時跟著增加，截至同年 5 月底止，Mt. Gox 已有 6 萬個用戶。

　　聲名大噪帶來了新的問題。

　　馬克不得不大肆招聘人手，因為現有的團隊幾乎應付不來當前的交易量。

　　這只是問題的冰山一角：眼下面臨的還有駭客

對這種數位黃金的覬覦。

在一片紛擾混亂中，另一場更大的災難正在醞釀。2011 年 1 月，馬克買下 Mt. Gox 的那個月，更準確來說，是那個月的 27 日，地下網站「絲路」（Silk Road）上線了，舉凡毒品、武器和被竊的個資，這裡都買得到，而且它只接受一種貨幣支付：比特幣。絲路的存在很快震撼了當局，他們對 Mt. Gox 下了個既輕率又不利的結論，有些調查人員甚至認為這個非法網站的幕後主使者就是馬克・卡佩雷斯本人。

Chapter 4
網路空間的暗黑絲路

　　雖說比特幣的第一筆交易是用來購買披薩＊，但沒多久後人們就發現這種可匿名的貨幣非常適合用來交易武器、毒品、藥品、迷幻蘑菇（hallucinogenic mushrooms，又稱「魔菇」）、重口味 A 片，以及所有你不希望讓別人知道你在暗中買賣的其他物品。

　　把比特幣的匿名性（anonymity）、暗網（dark web）的隱密性以及極度保護隱私的 Tor 瀏覽器結合起來，就具備了創建非法產品大型線上目錄的所有要素——基本上就是地下版的亞馬遜：絲路。

　　我說的可不是那條連結東西方的 6000 公里貿易路線。不，我說的是隱藏於暗網最深處的第一座網路黑市。人們在這條人性泯滅、恣欲極樂的地獄之路上，明白了比特幣不只能用來購買披薩和 A 片。

　　2011 年 1 月 1 日，某個化名奧托伊德（Altoid）的不知名人士在幾個論壇上（例如 bitcoin.talk. org）宣傳一種隱藏服務（Hidden Service）＊，這是

比特幣大騙局

世人第一次聽聞絲路的存在。他介紹該平臺是「匿名版的亞馬遜」——這麼形容再貼切不過了——而且短期內就會上線。

Altoid 給一個尚不存在的東西打廣告，有點像在做電影的前導預告。而這位大名鼎鼎的 Altoid 不是別人，他正是絲路的主腦，也是該網站的建立者。這就好像中本聰自己跑到論壇留言：「嘿，你們聽過比特幣嗎？那是一種神奇的虛擬貨幣——無法追蹤、不能偽造，而且限量 2100 萬個。可以說是數位黃金哪，各位。」用業餘的手段激起大眾對新事物的興趣。諷刺的是，正是這些網路上的簡短留言使得絲路走上絕路。

---

*電腦程式設計師拉斯洛‧漢耶茲在 2010 年以 1 萬枚比特幣購買了兩張披薩（當時比特幣價值約為 41 美元）。這是史上第一筆以比特幣進行的實物交易。此後，加密貨幣信徒會在每年的 5 月 22 日慶祝比特幣披薩日。

*也稱洋蔥服務（Onion Service）。隱藏服務網站的共同網域域名為 .onion，只能透過 Tor 瀏覽器瀏覽。

　　那時，藏在 Altoid 帳號背後的人還很年輕，滿腦子理想主義。他是德州大學達拉斯分校(University of Texas in Dallas)26 歲的物理系學生，羅斯・烏布利希（Ross Ulbricht）。

　　烏布利希個性開朗，身高將近 190 公分，熱愛衝浪與科學，長得像《暮光之城》(*Twilight*) 裡的愛德華，說不定他的皮膚在電腦螢幕的藍光下也會閃閃發光呢。他天資聰穎、討人喜愛，他的父母和友人應該想像不到，在他創業開設小公司幾年後，他竟然會被稱為「美國犯罪首腦」(American kingpin)，被控經營全球最大的線上毒品交易市場……據說還買凶謀殺他的死對頭。

　　烏布利希生於 1984 年 3 月 27 日，父母是充滿愛心的嬉皮——這個日期不難記，隔天就是我的生日，只是我早了幾年而已。如果你相信占星術，羅斯和我都是牡羊座第一區間（first decan）*的人：

比特幣大騙局

固執、熱愛冒險，有為了達到目的而不擇手段的傾向；我們對朋友忠誠不二，對敵人毫不手軟。

烏布利希從小加入美國童軍團（Boy Scouts of America），直到他晉級鷹級童軍（Eagle Scout）＊，這個級別只有 4% 左右的童軍能夠達成。想晉級鷹級童軍，至少要擁有 21 項技能徽章，並且展現童軍精神和領導才能。一起來看看童軍規律（Scout Law）吧——曾經當過幼童軍（Cub Scout）的我應該還記得一些。身為一名童軍應當：

誠實：說話真實不欺、信守承諾，值得信賴。
忠貞：對家人、朋友、童軍團領導、同學、同胞皆能竭智盡忠。

＊一個太陽星座可分為三個區間，每個區間各為十度。牡羊座第一區間的生日是 3 月 21 日～ 30 日，主宰行星是火星。
＊美國童軍團的入團資格為 11 到 17 歲，分為六級。鷹級童軍是最高等級，要求也最為嚴格。

助人：總是願意伸出援手而不求回報。

親切：與人為善，即使是和自己不同的人也是朋友。

禮讓：任何情況下皆以禮待人，展現風度。

仁慈：己所不欲，勿施於人。沒有正當理由，絕不傷害或殺戮。

服從：遵守家規、校規和團體規則。服從社群與國家法律。

樂觀：正向思考，面對任務沒有怨言。

節儉：節約使用時間與資源。

勇敢：面對恐懼，做對的事，不為他人左右。

清潔：保持身心健康，維護家庭與社區整潔。

敬虔：展現對上帝的虔誠之心，並尊重他人的信仰。

　　優秀的童軍也必須獨立規劃組織一項個人計畫，也就是鷹級童軍服務計畫（Eagle Scout Service Project），藉此證明他的領導才能和履行義務的決心。

　　可以說，絲路是烏布利希的第二個鷹級計畫，

至於他這麼做是否遵循童軍精神則見仁見智。話雖如此，烏布利希在他事業剛起步時，出人意料地忠於此一精神——儘管沒有維持太久就是了（自由主義者似乎就是跟「服從」這回事過不去）。

烏布利希在就讀大學期間認識了娛樂性用藥（recreational drug）、無政府主義（anarchism）和自由主義思想。不知道什麼是自由主義的人，我來解釋一下，它是一種較為溫和的無政府主義，認為政府應盡可能減少干預社會。

與傑出的大學成績相比，他的愛情生活處處碰壁；糟的是，他不懂得繞道而行。他瘋狂地愛著女友，親手做了鑲有寶石的戒指向她求婚，女方反應輕蔑，幾乎是一口就回絕了，甚至坦承自己背著他到處跟男人上床。這段關係就此畫上句點。

隨著對自由主義的嚮往日益強烈，他開始認為政府是文明社會最大的問題所在。政府阻礙人民覺

醒，阻礙精神提升。對他而言，法律條款愈多，社會遭到的威脅愈大。總而言之，烏布利希相信人性本善且樂於辯論。因此完成學業後的他會一再地換工作，藉此尋求自由和腦力激盪，就不足為奇了。他後來創立了多家新創公司，卻也是接連受挫。

最成功的一次，要屬他和朋友共同架設的線上二手書店 Good Wagon Books，而他也是在這個時期開始萌生建立一個可以自由交易任何物品的網站的想法。可想而知，當時最主要的問題在於政府機關隨時可以藉由追溯交易資訊鎖定買賣雙方的身分。無論是信用卡、匯款或 PayPal，任何一種付款方式都會透露個資。

可是，當烏布利希發現比特幣（以及其不可追溯的特性）的存在後，他馬上明白了，最大的問題已迎刃而解。就在他精心完善理想中的自由主義平臺時，他又認識了暗網。

他曾在後來作為審判物證的個人日記中寫道：

我同時經營 Good Wagon Books 和絲路兩個網站。現階段正忙著寫程式。這個工作很雜。我還不知道要怎麼架自己的網站，而且還得學習怎麼在這個平臺上使用比特幣。

　　2010 年 7 月，他在距離德州奧斯汀（Austin）一小時車程的地方租了一棟改裝過的小木屋，在當地種起迷幻蘑菇；它們必須在平臺上線前準備好，這樣他至少能夠提供樣品，畢竟經營販毒網站之前得先備貨。

　　然而，事情沒有想像中順利。有一次，小屋突然漏水，屋主前來修理時意外發現烏布利希壯觀的作物——一些報導說有將近 50 公斤。烏布利希很走運，屋主在報警前先打電話給他，要求他收拾了設備趕緊滾。

　　烏布利希掛上電話立刻驅車前往小木屋，清

空所有貨品和種植的痕跡，把蘑菇用一個個袋子裝滿。彷彿《絕命毒師》(*Breaking Bad*) 的主角，他在警方抵達現場前幾分鐘帶著第一批貨，千鈞一髮僥倖逃脫。

現在，烏布利希手上有第一批貨可以賣了，他得以繼續在其他網站和論壇上為自己的生意打廣告，同時深入瞭解暗網的運作方式。

2011 年 1 月 27 日，烏布利希以 Altoid 的身分成功啟動絲路。他在日記中寫道：

我透過虛擬主機 Freedom Hosting＊學會了網站設計的基礎知識並且讓網站上線。我在比特幣相關論壇上發布了網站開張的消息。才過沒幾天，就有好幾個用戶註冊。接著，我收到第一則來自用戶的訊息，興奮到不知如何回應。用戶一個接一個加入，賣家也開始進駐，最後，歷史性的時刻終於到

比特幣大騙局

來：第一筆訂單成立了。我永遠忘不了那一刻。

烏布利希接著滔滔不絕描述自己看到生意蒸蒸日上的那股興奮之情。

兩個月內，我在網站上賣掉了五公斤的蘑菇。每筆訂單的量從 1 公克至 100 公克都有。我在短時間內賣光了存貨。現在回想起來，也許當初應該抬高訂價的。(……) 網站的流量迅速增加，這個平臺的消息也傳到一些機靈的人耳中，也就是駭客。最初的幾個月，所有的交易都是我自己處理的。

烏布利希被工作量壓得喘不過氣，幾乎沒時間陪他的新女友，茱莉亞·維耶（Julia Vie）。這位攝

---

*提供基於 Tor 匿名網路託管服務的託管商，負責人埃里克·埃恩·馬奎斯（Eric Eoin Marques）在 2013 年遭 FBI 擒獲； 當時暗網的訪問流量有半數是透過該主機服務。

影師是他在大學時代認識的。茱莉亞也經營自己的網站 Vivian's Muse，為一些女性拍攝要送給伴侶當作禮物的情色相片。她深愛著烏布利希，而他也為這個女孩著迷。儘管如此，他還是忍不住抱怨：

我要回覆訊息、備貨和修正程式碼，沒什麼空閒時間。可是我還有個女朋友要關注啊！

要經營犯罪帝國，又要管理網路書店，同時還要滿足女友的需求，確實難為他了。

2011 年 4 月，絲路已有 1000 個用戶；除了這些用戶，沒有人知道這個網站的存在。谷歌（Google）上搜尋不到絲路，唯有知道門路的人才進得去：你需要入口網址和特定的搜尋引擎才能進站；想在網站上買賣，也只能使用比特幣。

然而，這座匿名天堂猶如曇花一現。

2011 年 6 月 1 日，調查記者亞德里安・陳

（Adrian Chen）在八卦新聞網站 Gawker*發表了一篇〈一個買得到任何毒品的地下網站〉，絲路這條暗網中的鄉間小路就變成了高速公路。文章中，陳說明了在絲路購買及轉售非法商品，就像在亞馬遜消費那樣容易，差別在於絲路是使用比特幣交易。

的確，絲路供應的毒品數量——海洛因、哈希什（hash）*、搖頭丸（ecstasy）、迷幻蘑菇，以及吸毒用具——煙斗（meth pipe）、注射器、針筒、水煙筒（bong）的數量一樣可觀。可以說一應俱全。

烏布利希認為毒品交易沒有錯。在他看來，所有人都應擁有使用娛樂性用藥的自由。這是每個人對身體的自主權。

---

* 2016 年 8 月，該網站因侵犯退休摔角明星浩克・霍根（Hulk Hogan）隱私，遭法院判賠 1 億 4000 萬美元而聲請破產，宣布閉站。2021 年 7 月重新上線。

*哈希什是印度大麻榨出的樹脂，通常經脫水壓製成棒狀或球狀，含有超過 400 多種化學物質，強度平均比大麻強六倍。

在他看來，歷屆美國政府發起的「毒品戰爭」（War on Drugs）皆以慘敗收場，別說降低毒品消耗量了，它們唯一的成果就是把成千上萬的人送進監獄，即便他們所犯的罪並沒有傷害到任何人。看到美國現在有超過 200 萬人因為持有或吸食毒品而被關押，你也會開始思考，也許他說的是對的。

　　那篇文章沒有提到的是，絲路網站是可以買賣毒品沒有錯，但必須遵守烏布利希制定的一些行為規範，就像日本黑道的榮譽守則。日本黑道禁止幫派成員姦淫擄掠或向任何背離高尚情操的行動低頭。烏布利希則嚴禁販售任何脅迫、傷害或使用武力的商品，例如兒童色情內容、接收贓物或任何與殺人、虐待、攻擊的相關委託皆不允許。

　　還記得童軍守則嗎？

仁慈：己所不欲，勿施於人。沒有正當理由，絕不
　　　傷害或殺戮。

　　烏布利希這種舉動的背後有一套哲學。他想建

立一個奉自由主義為圭臬的線上社群。他要把自由意志還給絲路的用戶，讓他們有機會以自己的方式找到幸福。

「我們的基本規則是設身處地為他人著想。」他後來在網站上寫道。

規則既定，違者驅逐。

所以說，烏布利希不是反社會者。

至少一開始不是。

不過，Gawker 刊登的那篇文章中還有另一個天大的重要資訊：直通 Mt. Gox 的網站連結。一夕之間，所有自由主義的草根、吸毒者、業餘罪犯、騙徒、走私者和見不得光的生意人都知道該到哪裡買賣黑貨，以及上哪兒找這個王國的貨幣了。

就憑一篇文章，Mt. Gox 和絲路的關係從此唇齒相依。甚至可以說，Mt. Gox 是絲路的金流，而絲路則在方方面面帶動了比特幣的崛起，使 Mt. Gox 受

益。正所謂負面新聞也是一種行銷。文章刊登第二天，也就是 2011 年 6 月 2 日，比特幣的價格上漲至 10 美元；提醒你，兩個月前，一枚比特幣只值 1 美元。比特幣如今已晉身主流虛擬貨幣了。

比特幣大騙局

Chapter 5

Mt. Gox 蒸蒸日上

Gawker 那篇曝光絲路存在的文章刊登後沒幾天,比特幣的價格一飛沖天。2011 年 6 月 9 日,來到兌 31.91 美元的新高。

就在幾個月前,2011 年 3 月 11 日,日本遭受大地震與福島核事故重挫,但在虛擬世界裡的 Mt. Gox 卻絲毫不受影響。

馬克容光煥發,與一名員工墜入愛河。結婚後,他搬進女方家裡同住。同年 5 月,Mt. Gox 進駐澀谷金碧輝煌的藍塔大廈(Cerulean Tower),緊接著在美國開立帳戶,邁向國際化。一切似乎進行得順風順水。

然而,還是有幾個惱人的小波折。6 月 5 日,美國參議員查克‧舒默(Charles E. Schumer)要求檢察官查抄絲路,他主張比特幣是犯罪貨幣:「絲路根本就是線上洗錢平臺,用來掩飾金錢來源,還允許買賣雙方隱藏身分。」儘管烏布利希被迫暫時關閉絲路,但聚焦比特幣而引發的關注,對馬克來

說卻是利多。

約莫同一時間，Mt. Gox 遭遇了一項技術問題，連續三天所有交易中斷，導致比特幣短暫暴跌。一場新的災難已然降臨，而這一次，它找上了 Mt. Gox。

2011 年 6 月 18 日，凌晨 3 點，電話鈴聲吵醒睡夢中的馬克。電話那頭是威廉·韋斯，讓馬克第一次聽聞比特幣的那位法國人。他打電話來是想警告馬克 Mt. Gox 出了問題。馬克趕緊確認他方才所說，幾秒鐘後跌跌撞撞地從床上爬起來，關閉整個系統。問題可大了。

有幾個駭客成功進行所謂的阻斷服務攻擊（Denial-of-Service attack）＊，造成用戶上不了網站。

＊DoS 攻擊是一對一的網路攻擊方式，透過占用系統分享資源，使網站伺服器因疲於處理大舉進站的資訊量而當機，造成其他正常使用者無法存取。

駭客們早就覬覦 Mt. Gox 多時，隨著比特幣價格飆漲，這座交易所更是令人垂涎。

　　Mt. Gox 網站安全系統本身就很糟糕，駭客又對它的弱點瞭若指掌。他們利用平臺內部沒有和區塊鏈連結的系統下修幣值，同時產出新的比特幣。經過一小時的操作，駭客開始大量拋售比特幣，導致它的價格從每單位 17 美元掉到 1 美分。值得慶幸的是，由於交易過於頻繁、流量太大，Mt. Gox 的伺服器在無法承載的情況下變慢，先是拖緩交易速度，最後阻斷所有活動，馬克也因此能夠抓緊時機制止操作中的交易。「我打開我那臺跑 Linux 系統的筆電，它大多時候都在關機狀態，所以比伺服器更難駭入。接著我把比特幣錢包加密上傳 Dropbox *，這麼一來就算硬碟燒毀了，它們也不會遺失。隨後，我不得不搭地鐵進辦公室一趟，搞清楚事情的來龍去脈。一到辦公室，我趕緊安排在網站發布聲明，這時，我才開始意識到問題的嚴重性。」

比特幣大騙局

儘管馬克迅速挽救，恐慌還是在 Mt. Gox 的用戶間蔓延開來，論壇上接連跳出各種崩潰的訊息：「全部賣掉，立刻就賣！」、「見鬼了！」、「我們完了！」

　　兩小時後，馬克公開說明事件原委和他掌握的情形，並且表示 Mt. Gox 將閉站進一步維修，有待問題解決後重新開放。他也補充說，駭客自行產出且隨即拋售的比特幣將不得兌現，攻擊期間進行的任何交易也都將被取消。這個動作惹怒了許多比特幣支持者，最先反彈的就是那些以每單位一美分購入比特幣的用戶。

　　這麼做等於挑戰了比特幣「交易不可逆」（irreversible）*的規則。

---

*一種線上儲存服務，使用者可儲存並共享檔案與資料夾。

*付款方發送比特幣到收款方的比特幣地址時，一旦訊息經過驗證並添加至區塊鏈，即永久儲存，無法撤銷或取消。意即轉帳不可撤回，除非收款方再轉回給付款方。

雖然馬克看似掌控了局面，實際上他根本完全不知所措，公司人手也不足。就在他茫然不知從何著手時，「比特幣耶穌」以救世主之姿插手介入了（姑且這麼說）。網站被攻擊的幾個小時後，羅傑‧維爾發信給馬克：

嗨，馬克，

　　如果你需要人手，我可以幫忙。我十分鐘就能到你的辦公室。我也不清楚自己可以做什麼，不過幫忙打幾通電話、寫些 mail 還是可以的，好讓你有一兩天的緩衝時間。

　　羅傑湊巧就住在附近的一棟豪華大樓，他位於 16 樓的那間別緻公寓可以看到藍塔大廈。幸運之神似乎再度眷顧馬克。

　　羅傑是土生土長的矽谷人，生活在舊金山灣區，日子過得令人稱羨。他在學校的學業和體育（摔角

校隊）成績都很優異，甚至還會修車，可說是典型的美國男孩。他天資聰穎，有創新精神。1999 年，19 歲的他創立了 MemoryDealers.com，透過買進失敗新創企業的股票再予以轉售，發了一筆小財。（2011 年，該公司年營收近 1000 萬美元）。

一年後，即 2000 年，他以自由黨（Libertarian Party）候選人身分競選加州議員。美國政府似乎就是在那段期間注意到他的反政府言論。2002 年，他因為在 eBay 大量販售爆竹煙火，被警方以「無照販售爆炸物」的罪名逮捕。經過認罪協商，羅傑仍須在 2005 年於聯邦監獄服刑十個月。

服刑期間，他開始學習日語。監獄的經歷更強化了他對自由主義的信仰以及對美國政府體系的厭惡。他認為每個人都應該有權做自己喜歡的事，政府應盡可能減少干預。獲釋後，他決定前往日本發展。

2011 年 3 月，羅傑碰巧收聽到自由主義電臺的

廣播節目 Free Talk Live 正在討論絲路與比特幣，
節目中竟同時提及兩個前衛的概念。羅傑聽到這則
「福音」時，人正在家裡，節目還沒結束，他已經
開始研究了起來。他迷上了這種加密貨幣。

「比特幣是一項重大變革，這是史上第一次任
何一個人都可以在世上的任何一個地方對任何人發
送或接收任何數量的錢，而且無需銀行或政府的許
可。正如網路為通訊帶來改變，這種貨幣象徵了『無
可比擬的自由』。」

羅傑自此像著了魔似地鑽研比特幣，一連幾天
閱讀相關資訊，直到送醫為止。在鎮定劑的作用下，
他得到了啟發。有如前往大馬士革路上的保羅＊，
有個超凡的信息占據了他所有思緒。

當時他已經從經營的各種生意中賺取了數百萬
美元，卻還是一點時間也不浪費，立即投資比特幣
及其相關業務。他將 2 萬 5000 美元匯入 Mt. Gox 的
紐約帳戶，開始購買比特幣。他的官方自傳裡有這

麼一段敘述：

當時一枚比特幣的價值還不到 1 美元，但（羅傑）已經知道它將是人類史上最偉大的發明之一。他名下的 Memory Dealers 因此成為全球第一家接受比特幣支付的公司。他後來成為比特幣相關新創產業的首批投資者，幾乎是憑一己之力資助了比特幣及區塊鏈技術第一代企業的發展，包括 Bitcoin.com, Blockchain, BitPay, Kraken, PurseIO 和其他許多公司。這些公司後來又募集了數以億計的額外資金，並在全球擁有數千萬個用戶。

為了促進比特幣流通，羅傑·維爾想到的最佳妙計就是在矽谷的高速公路旁豎起一塊金色和黑

---

*保羅原是迫害基督信徒的猶太人，受猶太公會授權前往大馬士革逮捕基督信徒，卻在路上聽見耶穌的聲音而受到啟發，從此改變信仰，成為忠誠熱心的耶穌基督使徒。

色交錯的廣告看板，上面秀出巨大的比特幣符號，並且列出 Memory Dealers 的網址和這麼一句話：We Accept Bitcoin.（我們接受比特幣支付。）如果說 Mt. Gox 是比特幣的中央銀行，那麼 Memory Dealers 應該就是比特幣的商業中心了。

雖然羅傑要到 2012 年 5 月才獲得「比特幣耶穌」的稱號，但早在前一年的 6 月 18 日漫長的那一天，馬克就將他視為救世主。當羅傑現身 Mt. Gox 總部時，他已準備好蹚這淌渾水。羅傑很清楚，由於全球 80% 的比特幣交易都是透過 Mt. Gox，這個平臺的去留和比特幣的生死存亡息息相關。

Mt. Gox 已收到上千封來自客戶的電子郵件投訴，要求公司給個交代。馬克被大量的信件淹沒。於是羅傑協同未婚妻 Ayaka 和一位員工在螢幕前坐下，開始動起來。

羅傑和馬克的組合非常有趣，想像這兩個人的

模樣：優雅的羅傑留著平頭，穿著硬挺的 Polo 衫，馬克則頂著一頭亂髮，身上的 T 恤印有程式設計師的笑話；習武的羅傑動作像黑猩猩那般迅速敏捷，相較之下馬克就像隻樹獺。

馬克對羅傑的幹勁與活力印象深刻，而羅傑則欽佩馬克處理危機時的淡定；後者老是一臉似笑非笑的樣子，還會習慣性把頭偏向一邊，好像自己剛從泳池上來想把耳朵裡的水排掉。

無論情況多麼緊急，馬克始終穩如泰山。面對一天比一天擔憂的羅傑，他會用濃重的法國口音簡短地回應：「應該沒問題的啦。」

羅傑處理了一個又一個索賠，同時在忙亂中聯絡了另一個加密貨幣交易所 Kraken 的執行長傑西·鮑威爾（Jesse Powell），這家位於舊金山的交易所在創立之初曾經接受羅傑的資助。

傑西曾是《魔法風雲會》的玩家，在一次巡迴賽中結識羅傑。這兩個人都熱衷武術和比特幣，是

多年好友。他們通力合作，解決了 info@mtgox.com 客服信箱裡堆積如山的電子郵件。

值得注意的是，馬克身邊只有一個加拿大年輕人幫忙，這個人沒有程式設計經驗，而且還是在危機爆發前幾週才進入公司的。他們一起探究問題，並試圖找到出錯的原因。

他們花了將近一週才把事情處理好。那一整個星期，他們都住在還空蕩蕩的辦公室，彷彿在都市叢林裡野營。無論如何，他們就是無法停下手邊的工作。

這次的駭客攻擊成為頭條新聞，但大家過了好一段時間才明白究竟發生了什麼事。原來，6 月 18 日駭客攻擊那一天，傑德‧麥卡勒布的管理員帳號再度被入侵，據聞約有 2 萬枚比特幣被「偷走」。平臺因此暫停交易一週，直到解決安全漏洞。同月，Mt. Gox 發生使用者資料表外洩，流出的內容包括 6000 個帳號、電子郵件地址和雜湊密碼*。更糟的

比特幣大騙局

是，某些用戶在另一個當時受歡迎的比特幣錢包服務平臺 MyBitcoin 的帳戶使用了相同的密碼，其中有 600 個錢包被同時掏空。

Mt. Gox 恢復服務的那天，曾掀起比特幣熱潮的《富比士》雜誌宣稱比特幣已是窮途末路。而它並不是唯一公開說比特幣將提前夭折的媒體。

Mt. Gox 透過公開道歉並賠償用戶損失來讓公司的名聲止損，網站也在比特幣耶穌的協助下重啟。為了安全起見，馬克決定，就算他必須日以繼夜甚至週末加班，他也要把網站整個砍掉重練。

「跟這麼多人擠在辦公室其實很難專心，」馬克說。「我因此花了好幾個星期才構思出新版的 Mt.

---

*雜湊（hash）是透過一連串的演算，將資料轉換成看似亂碼的字串，以進行安全儲存。經過雜湊的密碼無法從摘要值反推使用者的原密碼。

Gox，它的設計允許用戶可以毫無困難地重新取回對帳戶的控制權。順便說一句，就我所知，Mt. Gox似乎是唯一一個在發生這種事件後還能成功復活的平臺。」後來，在傑德・麥卡勒布的幫助下，平臺在 2011 年 8 月設置了新的安全系統，稱為冷錢包（cold wallet）＊。「差不多在那時候，Mt. Gox 停止使用比特幣核心（Bitcoin Core）＊，因為它明顯不適用，何況專門設計的新比特幣管理系統也開始運作了。」馬克解釋道。

Mt. Gox 不是 2011 年夏天唯一被麻煩找上門的平臺。波蘭的一家小型比特幣交易所誤刪了用戶的私鑰（private key）＊，造成 1 萬 7000 枚比特幣暴露在區塊鏈上，卻沒有人可以認領。

同年 7 月底，被稱為湯姆・威廉斯（Tom Williams）的比特幣存儲服務平臺 MyBitcoin 創辦人盜走所有用戶的比特幣，人也不知去向，大家這

才發現對他的身分背景一無所知。這起事件導致比特幣下跌至每單位 6 美元。

不過，人們對這種貨幣依然興致勃勃，它的夯度和能見度不斷攀升。

2011 年 9 月 8 日，17 歲的新加坡華人周同（Ryan Zhou）推出終極交易平臺 Bitcoinica，這是一項高風險、高報酬的創投*。

2012 年 1 月 1 日，比特幣的價格仍在低點，只

---

*冷錢包又稱「離線錢包」，主要儲存方式包括硬體錢包（hardware wallet）和紙錢包（paper wallet）。冷錢包平時不連結網路，將私鑰存儲在離線狀態，需要交易時才會連網，較不易被駭客入侵，安全性較高。

*原生比特幣錢包，是一種可下載安裝到個人電腦的桌面錢包（desktop wallet）。

*擁有私密金鑰等同擁有錢包地址的使用權。私鑰是電腦隨機產生的亂數，沒有固定的生成邏輯和規則。

*該公司最初的定位是成為提供複雜加密交易活動的平臺，為用戶提供槓桿交易服務。2012 年陸續遭遇三次駭客攻擊（有一說是周同監守自盜），丟失超過 10 萬枚比特幣，因無力賠償損失而在同年 11 月註銷。

有 5.27 美元，不過它正穩步回漲——馬克的體重也是，獨自經營 Mt. Gox 的他把時間都花在公司，照三餐吃披薩。這時，Mt. Gox 也開始接受其他虛擬貨幣的交易。

公司開始大規模招聘，辦公室很是熱鬧。一位英國籍員工回憶當時的情景：「到處都有人走動，有高級傢俱、時髦的辦公桌和彈力球椅。人們提著袋子進進出出的，我後來才知道裡面裝的都是現金，要麼來儲幣，不然就是兌現拿去投資。我來面試的那天，公司的玻璃大門壞了，有個身材矮胖穿 T 恤的法國人拿著螺絲起子、電鑽和工具箱在修理。他留著半長不短油膩膩的頭髮，不太說話。我到職兩個星期後才知道，這個人不是別人，正是執行長馬克・卡佩雷斯。」

他搖著頭回想：「卡佩雷斯想要自己修門。他就是不放心交給別人處理。」

同年 9 月 27 日，馬克、羅傑和其他一些人成

比特幣大騙局

立比特幣基金會（Bitcoin Foundation），其宗旨是「規範、保護並促進比特幣的流通，以造福全球所有使用者。」基金會的存在讓人覺得虛擬貨幣世界被管制得好好的，至此，一切都在掌握之中。

11月，最知名的部落格網站內容管理系統WordPress開始接受比特幣支付。這場象徵性的勝利讓比特幣多了一個立足點。

不過，新的問題當然隨之而來。

Bitcoinica被駭一次、兩次，最後關門大吉。另一個平臺Bitfloor也在2萬4000枚比特幣失竊後倒閉。所有人都繃緊了神經。

這些事件都撼動不了Mt. Gox。原因應該是平臺愈小，風險愈大；若想追求安全性，就該把賭注壓在Mt. Gox。

到了2013年1月1日，比特幣價格幾乎翻漲了三倍，來到13.3美元。

新的一年帶來嶄新的希望。馬克躍身名人榜，

成為神祕的天才與比特幣世界的核心人物。所有人
都想和他攀談。然而，無論是馬克本人或 Mt. Gox
的用戶，似乎都沒有察覺即將到來的災難。

比特幣大騙局

Chapter 6

犯罪得不償失
（如果報酬是比特幣就另當別論）

```
    00100      10100
    00100      10010
    01110      11010
01110111011100101100
001010110000110100101 1
0011011101000110100101 11
101001011110010111000101
  100110000        1001001111
  100110010        1001000101
  000011001        100000011
  011111000011100101111 0
  001111101110100101 1
  0011101101011010001011
  11001000001111000101100
  100001000    .    0001001100
  010010000          100011010
  000111011        0101011001
  100111011        001010111 00
 010011101000110111101101 1
 100010011000010000001110
 0010010111001111001001
 00000101001101110100
    01101      11001
    01110      11101
```

　　「犯罪得不償失」這句老話或許曾是金科玉律，但那是在比特幣出現前很久的事了。也許有人會認為比特幣跟絲路這樣的地下黑市扯在一起準沒好事，但事實上，情況正好相反。比特幣的價格走勢一路飆升。

　　絲路的存在讓世人看見比特幣的價值，而虛擬貨幣和販毒網站的關係似乎也非常符合自由主義思想。

　　再者，負面新聞也是一種宣傳。Gawker 那篇文章可以說是這些年來對比特幣最為有利的助攻了。一夕間，所有人都把比特幣掛在嘴邊。

　　文章刊登後不過幾天，美國民主黨參議員舒默和喬・曼欽（Joe Manchin）致函美國緝毒局（DEA）表達擔憂，並要求當局立即關閉該網站。根據烏布利希的辯護律師與家人所稱，差不多在那時候他就把網站的管理權限移交給下一任了。

　　請容我暫時跳開，這裡先解釋一下絲路的運作

方式，以及儘管反對聲浪如此強烈，要讓它閉站為什麼有難度。網際網路遠比表面上複雜，不是什麼網站都能透過 Google 或 Yahoo 等搜尋引擎找得到。

把所有的網站想像成一個大圓圈。大圓圈內有另一個圓圈，占了約 80% 的面積，代表深網（deep web），就是無法用一般搜尋引擎找到的網站。深網裡面有第三個圓圈，暗網，它所占面積更小，需要經由指定通訊協定或使用特殊軟體才能進入。這類應用軟體有好幾個，Tor 和 Freenet 是其中最著名的。

Tor 因此成為絲路的避風港。

使用者只需下載 Tor 並搜尋關鍵字如「裡維基」（Hidden Wiki）*，一個列有數百個匿名網站的深網頁面。使用 Tor 並不違法，但它卻是通往「僱用駭客」、「建立內建自毀功能的加密文件」、「毒品市

Chapter 6 犯罪得不償失（如果報酬是比特幣就另當別論）

---

*暗網的維基百科，任何使用者都能夠編輯頁面，各類資訊更是一覽無遺。

場」、「偽造證件」、「職業殺手網」甚至是「匿名謀殺保證」等網站的大門，也可以找到兒童色情和其他猥褻內容。

說來出人意料，Tor 網路最初是美國海軍研究實驗室（United States Naval Research Laboratory）在1990 年代開發的，用於間諜活動，主要由美國政府資助。這個網路能使人難以辨識你的 IP 位址（網際網路協定位址），也就是你進入網站的存取點（access point）。IP 位址能夠顯示你從哪座城市、哪一州或是哪個國家連網，如果你想避人耳目，這可不是什麼好事。

當然，也有些人把 Tor 用於大仁大義，比方說吹哨者或者北韓的異議人士，也能透過這個管道提供敏感資訊給外界，不必擔心遭到報復。

所以說，透過 Tor 可以造訪絲路，而它的網址（URL）幾乎不可能記得住，這當然是故意的，因為要避免讓人輸入 silkroad.org 就能直通網站。以下

比特幣大騙局

是原始網址：

http://tydgccykixpub6uz.onion

（這一長串網址對使用者不太友善。）

儘管絲路在過去甚至到現在都還是毒品、武器和其他非法產品的交易平臺，其生意卻建立在一種微妙的誠信之上。絲路賣家都有公開的顧客評價，不太可能把你當肥羊宰。該網站的匿名管理員也對數位雜誌 Gawker 表示：「我們圈子裡的人都很棒。他們通常很聰明、誠實、坦率，也非常善解人意，樂於互相合作。」

這正是烏布利希的初衷。換言之，絲路的用戶都是合格的童軍：值得信賴、忠誠、熱心助人、友好、有禮、善良！

俗話說惡徒不講誠信，但絲路存在著一種近乎榮譽準則的互敬心理。事實上，有位關閉絲路第一版網站的聯邦調查局（FBI）調查專員也在法庭上說，他對賣家的可靠度感到訝異；探員們把為了調查而

訂購的所有樣品都做了檢驗，其中只有 2% 的商品與廣告內容不符。

當然，有些假護照之類的商品風險更高。買家很難在訂購前確認品質，在因為使用假證件而鋃鐺入獄後，又更難上網給賣家留下負評了。另一方面，賣家對於在絲路出售非法商品則感到很安心，因為警方無法輕易追蹤他們。

雖說如此，早在 Gawker 刊登那篇文章和美國參議員發函抗議之前，一支 FBI 小組早已盯上了烏布利希。

美國國土安全部（U.S. Department of Homeland Security）調查專員賈里德・德－耶希亞揚（Jared Der-Yeghiayan）當時在芝加哥歐海爾國際機場（O'Hare International Airport）工作。他身材高大瘦長，為人倔強，嗓音低沉悠揚，有一定的魅力，讓人很想跟他說話。

2011 年初開始，他注意到透過郵遞的毒品包裹流動明顯增加，至少從海關查緝的數量看來是如此。不過，查緝到的包裹裡毒品數量相對較少，不是一、二粒藥丸，就是幾公克的古柯鹼，就只有這樣。他想要深入追查，上級卻認為那是浪費時間。「我們要大規模查緝。」德－耶希亞揚堅持。

最終，他逮到機會，進行所謂的敲門談話（knock and talk）調查：他選定一名幾顆搖頭丸的收件人，敲了他的門。收件人不在家，但室友急忙前來應門。德－耶希亞揚追問毒品的來源，對方一下子便全數招供。

「他在一個叫絲路的網站上買的。那個網站什麼都有，超誇張，而且品質不是蓋的。不過你要用比特幣就是了。」

那個人給德－耶希亞揚看了網站頁面，德－耶希亞揚大喜過望。他知道自己挖到大案子了，毫無疑問。他比對近期查獲的貨品，發現它們和絲路網

站販售的商品照片及內容描述相吻合。

　　他把一大堆毒品包裹塞進籃子帶到長官的辦公室，一股腦兒倒在對方桌上。這一次，長官終於准許他追查下去。

　　德－耶希亞揚也對 Mt. Gox 與絲路間密不可分的關係很感興趣，認定兩者屬於同一犯罪網絡。最後，他花了兩年半的時間，在緝毒局、聯邦調查局、國土安全部、國稅局、特勤局（USSS）和其他政府機構的幹員協助下，破解絲路的祕密。他們的任務代號是「馬可波羅行動」（Operation: Marco Polo），取自著名的絲綢之路探險家，可謂名符其實。在調查進行的同時，絲路仍持續壯大。2011 年 6 月 18 日，Tor 出現專門討論絲路的官方論壇，烏布利希也化名 Silk Road 發表了第一則評論。

　　七個月後，也就是 2012 年 2 月 5 日，一直以「絲路」為名發表文章的論壇版主宣布他打算改名：

我需要把我在論壇和在公司當小角色的身分劃分開來，我需要一個名字。請來點鼓聲……我的新名字是：恐怖海盜羅伯茲（Dread Pirate Roberts）。

　　（這個化名出自威廉·戈德曼（William Goldman）的小說《公主新娘》(*The Princess Bride*) 裡的同名角色，主角恐怖海盜羅伯茲是一個自命不凡的自由主義英雄。）

　　DPR（Dread Pirate Roberts）於焉誕生——警方立刻對他展開追蹤。他們首先想知道是，DPR 背後是一個人還是一個團隊；後來，烏布利希堅稱他那時已經把絲路移交給另一名管理員，從此再也不過問了。而不管採用這個新綽號的人是烏布利希或是他的繼任者，DPR 的做法確實有很明顯的變化。彷彿卸下作為管理員的責任，冠上一個浮誇的名字，就能讓他從所有道德教條中解放，擺脫日常工作的偽裝，逐漸成為一個真正的亡命之徒。

俗話說人生如戲。有時我們不得不認同這句話。烏布利希是《絕命毒師》的忠實粉絲。在這部影集中，主角華特‧懷特（Walter White）原本是謙遜的高中化學老師，在家也是個賢夫慈父。他在得知自己已是癌症末期時，便想盡辦法讓家人在自己死後衣食無憂。為此，他利用自己的化學知識製造高純度的冰毒。隨著生意蒸蒸日上，他取了假名「海森堡」（Heisenberg）來掩護真實身分，逐漸變成一個殺人不眨眼又冷酷無情的大毒梟。

無獨有偶，DPR 開始放寬平臺創建以來一直遵守的主要原則。龐大的流量幾乎讓網站維護難以為繼，於是他僱用值得信賴的版主和管理員來確保網站的完整性。

其中一位是柯蒂斯‧格林（Curtis Green），較為人知的是他的綽號 Chronicpain（慢性疼痛）。格林是個有年紀的摩門教徒，住在猶他州的西班牙福克（Spanish Fork）。他是個好人，身材魁梧、工作勤

奮，透過自身努力成為 DPR 的左右手。他的健康問題一如其綽號，長期飽受疼痛的折磨，絲路提供了他在合法市場負擔不起的必需藥物。格林負責維護客戶關係、協助用戶，同時也在論壇上幫助用戶降低風險（確保沒有人吸食過量，買家也都確實收到訂購的商品）。DPR 給他的薪水很優渥。

2012 下半年，負責搗毀絲路的團隊取得重大進展。同一時間，巴爾的摩專案小組的兩名探員則讓辦案徹底變了調。

緝毒局探員卡爾‧馬克‧福斯四世（Carl Mark Force IV）加入以德－耶希亞揚為首的馬可波羅行動，負責行政事務。福斯以前曾在一次臥底任務中被盯上，他逾越了分寸，上級開始擔心他不再是冒充毒販的警察，而是臥底警局的毒販，於是把他踢出那個案子。從那以後，他就一直在辦公室做文書工作。因為馬可波羅行動，他又回鍋了。

福斯未經授權就在網路上冒充名為 Nob 的獨眼

多明尼加毒梟，和 DPR 搭上線。兩人更發展出所謂的兄弟情（bromance），也就是男人間不涉及性行為的親密關係。除了發展這段關係，福斯似乎還建議 DPR 如何躲避查緝，種種行為開始惹惱上級。

另一方面，同屬馬可波羅行動小組的特勤局探員肖恩·布里吉斯（Shaun Bridges）則是和絲路的新版主兼管理員柯蒂斯·格林取得聯繫。

自此，事情的發展開始脫軌。

2013 年 1 月，布里吉斯和福斯設下陷阱誘捕格林。他們寄了一包古柯鹼給格林，包裹被放置在門口。當格林拿起包裹踏入家門時，一支身穿防彈背心、手持機關槍的特種警察部隊在緝毒局探員陪同下，破門而入將他逮捕。格林有兩個選擇，一是和警方合作成為汙點證人，二是去蹲牢房。格林選擇被關，但在羈押期間即獲准交保。

他獲釋後不久，福斯與布里吉斯以「為了保護他的安全」為由把他關在汽車旅館房間，對他審訊

了 12 個小時。兩人逼迫格林供出他所知的一切，包括密碼、交易明細、如何登入他的帳戶等資訊。布里吉斯在盤問的過程中離開房間。與此同時，2 萬枚比特幣（當時價值近 35 萬美元）從絲路幾位賣家的帳戶中憑空消失。

格林也跟著人間蒸發。

DPR 很快意識到出問題了。他在 Google 快速搜尋後便得知格林被捕的消息。在他看來，格林從他那兒捲走了價值 35 萬美元的比特幣，甚至可能正和警方談話。想到這裡，DPR 又氣又擔心。他該怎麼辦？

他向少數幾個信得過的人諮詢意見，其中就包括了 Nob——把格林監禁起來的探員福斯——DPR 當時還認定福斯是個毒梟和黑道分子。他詢問 Nob 是否認識可以對付格林的人，給格林一點教訓，逼他把錢吐出來。

DPR 的請求用了這些措辭：「我想讓他爆頭，

逼他把比特幣還回來……比方說壓著他貼到電腦螢幕前，強迫他照做。」而後，他又向 Nob 表示，如果能追回這筆錢就「太棒了」。

Nob 說他願意幫忙解決，但是要給報酬。

福斯說服格林，為了他好，他要假裝看起來被嚴重毒打過；同時也讓他簽下切結書，同意福斯把房間布置成類似《絕命毒師》場景的酷刑現場。

另一名特勤局探員則假扮黑道，協助福斯把格林扔進汽車旅館的浴缸，壓著他的頭浸水。格林又是掙扎，又是拍打尖叫，那名探員有點太入戲了，格林最後動也不動，彷彿溺斃了一般。福斯抓著他的頭髮把他拉出水面，拍了一張照片傳給 DPR。哪知就在探員們虐待格林時，DPR 改變了心意……他決定狠下心腸。

DPR 聽取另一名管理員 Variety Jones（百變瓊斯）的建議，採取「愛之深、責之切」的手段。Variety Jones 認為留格林活口會被圈內人視為懦弱

的表現；他和 Nob 不一樣，是真正的毒販，而且下
手不留情。

「如果捲走 35 萬美元還能全身而退，誰還會敬
畏恐怖海盜羅伯茲？」Variety Jones 反問 DPR，讓
他好好想一想。不知如何是好的 DPR 終究走上了偏
激之路，自此轉為冷血的反社會者，與創建絲路時
的自由主義初衷背道而馳。如果藏在 DPR 面具底下
的是烏布利希，那麼，他現在已經打破童軍的最重
要準則。優秀的童軍應該是仁慈的：己所不欲，勿
施於人；沒有正當理由，絕不傷害或殺戮任何生命。

DPR 一定是找到了格林非死不可的充分理由。
我不認為美國童軍創辦人威廉‧D‧柏易斯（William
D. Boyce）會同意被敲詐是個殺人的「好理由」，但
我可能錯了。

DPR 要求 Nob 處決 Chronicpain，讓他「脫離
苦海」。據說他是這麼寫的：「如果他消失了，我不
會有任何意見。」但福斯（也就是 Nob）可就頭大

了。他本來只是假裝折磨格林，這下卻不得不搞一場死刑。福斯和格林決定用勒斃的方式。他們布置昏暗的燈光，用罐頭雞湯麵代替嘔吐物，讓格林看起來像是窒息而死。

接著他們拍下他的死狀寄給 DPR。

DPR 支付 Nob 相當於 8 萬美元的比特幣作為「任務成功」的酬勞。

此時的 DPR 來到人生谷底。儘管沒有真正殺過人，但他心裡已經認定那場處決確實發生了，為此感到內疚。他甚至不再堅持網站的任何規範，戰爭武器、駭客軟體、氰化物（cyanide）和其他毒藥都開始在絲路上流通，不再有所制衡。絲路這條違禁品高速公路一下子取消了速限，也沒有交通警察巡邏，儼然成為《瘋狂麥斯：憤怒道》(*Mad Max: Fury Road*)。

後來有其他線索顯示，DPR 在這件事之後還曾多次教唆殺人〔透過 Hells Angels（地獄天使）執行〕，

但這些線索都未經證實，而這大概也是烏布利希受審時從未被指控謀殺未遂的原因。

但這並不重要。DPR 一旦跨過道德底線，就沒有回頭路了。他持續付錢給 Nob，換取對方握有的偵查不公開資訊。Nob 聲稱這些資訊來自一名貪汙的警察，這種說法其實和事實相差不遠，唯一的差別是，Nob 口中的警察不是別人，正是他自己。

絲路還是那個毫無秩序可言的小型事業。到了 2013 年 3 月，網站架上有 1 萬種商品，其中 7000 種是毒品。絲路在被警方抄站前已營收 2 億 1390 萬美元，包括 1320 萬美元的抽成。然而，這個總銷售額連 Mt. Gox 丟失或被駭客盜走的一半金額都不到。看樣子犯罪的代價也沒有多好。

FBI 在 2013 年 5 月成功關閉絲路，卻無法真正摧毀市場。如今，絲路仍然以新的版本持續運作*，

---

*絲路關閉後，陸續有人接手設立了 Silk Road 2.0、Silk Road 3.0 和 Silk Road 3.1 版本。

FBI 對此避而不談。絲路有點像九頭蛇（Hydra），不能徹底剷除。有一些網站會教你怎麼進入據稱更為安全的新版絲路，你可以上網自行搜尋，但風險自負。

美國政府在關閉絲路後沒能立即逮捕恐怖海盜羅伯茲，不過他們一直等著收網。

首先，馬可波羅行動的幕後推手德－耶希亞揚探員不得不化名 Cirrus，滲透絲路並擔任版主，負責協助顧客並審核論壇上的不當評論。

德－耶希亞揚在社群論壇花了數千個小時經營，並且安排了 50 次左右的交易來取信於人，但即便做到了這個地步，還是沒能知曉 DPR 的盧山真面目。直到某次幸運地打破僵局。

2013 年，國稅局探員蓋瑞‧阿爾弗德（Gary Alford）加入馬可波羅行動小組。他吸收了幾名絲路的低階管理員幫忙推動調查進度並追縱恐怖海盜羅伯茲的下落。

　　阿爾弗德手中握有一張王牌：Google。他只是用了進階搜尋功能，便找到和早期的絲路相關的網站資料。最後讓他查到 2011 年初絲路上線不久前，有個化名 Altoid 的人在某個聊天室發表的貼文。「你們聽過絲路嗎？」Altoid 提問。「它是匿名版的 Amazon.com。」

　　這是他所能找到最早提及絲路的一條線索。

　　2013 年 6 月的第一個週末，阿爾弗德追查 Altoid 在網路空間遺留的零碎資訊，拼湊他的蹤跡。他發現一條已被 Altoid 刪除，但是被另一位用戶引用的貼文。Altoid 在貼文中尋求程式設計相關的幫助，並留下他的電子郵件地址：

　　rossulbricht@gmail.com

　　露出馬腳了吧！絲路上的莫里亞蒂教授＊瞬間

＊ Professor James Moriarty，是《福爾摩斯探案》裡的超級反派，被稱為「犯罪界的拿破崙」（Napoleon of crime）。

看起來像個門外漢；畢竟，他可沒有犯罪天才那樣的道行。而出現在 Google 搜尋結果的這位羅斯‧烏布利希，則是和行動小組所瞭解的 DPR 驚人地相似。

馬可波羅行動小組成功鎖定烏布利希在舊金山。為了順利逮人，他們必須下功夫：烏布利希一定要坐在他的電腦前，以 DPR 的身分登入網站，這樣才能讓所有的指控都成立。

他們知道 DPR 在電腦上動了手腳，只要關上電腦，所有數據都會被加密，電腦也會被鎖定。他們也知道他設計了一個快捷鍵，可以一鍵刪除筆電裡的全部資料。

他們必須算好逮人的時機。

烏布利希受審期間，德－耶希亞揚曾在法庭上解釋，他們的計畫是在烏布利希進入公共場所的同時，一邊和 DPR 聊天，並在逮住烏布利希後，驗證筆電裡的聊天室是否有稍早的對話內容。

換句話說，如果烏布利希在 FBI 搶下他的筆電

之前設法關機，那麼就幾乎不可能證明他和 DPR 是同一個人。

羅斯‧烏布利希在 2013 年 10 月 1 日下午 3 點 15 分遭到逮捕。當時他正坐在舊金山公共圖書館格倫公園（Glen Park）分館的科幻小說區使用公共網路。

調查專員德－耶希亞揚就坐在圖書館對面一家時髦的咖啡館裡。下午 3 點 08 分，DPR 登入絲路的加密聊天室，德－耶希亞揚以驗證論壇的一篇貼文為由要求他查看，藉此確認烏布利希確實有連接到站點。「好啊，哪一篇？」DPR 回答，這時，烏布利希身旁的一對情侶假裝起了爭執，而且愈吵愈凶，於是他轉頭查看，德－耶希亞揚當下決定展開行動。趁他扭頭的功夫，另一名女子上前奪走他的筆電。這名女子是 FBI 的臥底，早已向館方說明這次行動。當時現場約有六至八名探員，他們把這位年輕人制伏在地並銬上手銬。烏布利希沒有反抗，也沒有露出任何情緒。

他坐進警車後座，一旁坐著同樣追捕他好幾個月的探員克里斯·塔貝爾（Chris Tarbell）。兩人禮貌寒暄，塔貝爾對烏布利希知之甚詳，彷彿他們原本就熟識了。當然，這段對話的目的之一，就是要讓烏布利希明白 FBI 對他瞭若指掌。烏布利希似乎被整件事逗樂了，但也表現得焦慮且話多。

烏布利希趁著交談空檔隨口提到：「我想，2000 萬美元應該不足以讓我擺脫現在這個處境吧？」

「不行，」塔貝爾輕輕一笑，「司機也是要錢的。」

烏布利希最終被控串謀販毒、電腦入侵、洗錢和另外四項罪名。殺人未遂不在其中。

審判只持續了四個星期。烏布利希的辯護律師把他形容為代罪羔羊，不是真正的 DPR，甚至聲稱馬克·卡佩雷斯就是恐怖海盜羅伯茲。他們也詰問德－耶希亞揚探員是否曾懷疑馬克才是這一連串操作的主謀。是的，德－耶希亞揚在調查之初曾經強烈懷疑，馬克——那個披薩控、法式鹹派達人和貓

奴——就是 DPR 本尊。不過別高興得太早……。

烏布利希一開始拒絕為七項指控認罪。在宣判前，一些家裡有年輕人死於吸毒過量的家長，控訴烏布利希和絲路應該為他們孩子的死負責。

「（絲路）的既定目標是讓人凌駕於法律之上。你創造的世界毫無民主可言。你就是這艘賊船的船長，恐怖海盜羅伯茲。這艘船由你發號施令。」法官宣讀判決時，對烏布利希說了這段話。

2015 年 5 月 29 日星期五，他在紐約的法庭被判無期徒刑，不得假釋。

這個判決公平嗎？我無法給出答案。如果烏布利希真的犯了所有被指控的罪行，那麼這或許是罪有應得。但他是否應該為那些人吸毒過量而受到指責，我就沒那麼肯定了。吸毒者都知道吸毒有一定的風險。這麼多年來，我們譴責過製藥公司生產鴉片類藥物（opioids）嗎？

據我所知，沒有。

有些人甚至指出，多虧絲路設有評價機制，所以網站上販售的毒品品質比街頭賣的還要好上許多，說不定因此救了不少條性命。我覺得這個觀點挺站得住腳的。

披上 DPR 的外皮前，烏布利希是個有禮且有學養的年輕人，面對異性時還很靦腆。所以他最親近的幾個朋友得知他在現實生活中還有另一個身分時非常訝異。大家都在想：「這個平易近人的小子，怎麼會在短時間內成為全民公敵呢？」

儘管所有的證據都表明烏布利希就是絲路的創始人，也是恐怖海盜羅伯茲的幕後藏鏡人，還是有一些人堅稱他無辜，比特幣幣圈甚至還有人認為他沒有犯罪。曾經入獄並放棄美國公民身分的比特幣耶穌羅傑·維爾，也捐出 16 萬 5000 美元給烏布利希打官司。他相信烏布利希沒有做錯什麼。「在我看來，會發生這些事都是因為政府發動了瘋狂的毒品戰爭。如果政府尊重每個人的財產，把身體自主

權還給人民，那麼 CVS 藥妝店、沃爾格林連鎖藥局（Walgreens）或亞馬遜這些地方就買得到毒品，絲路也就沒有存在的必要，也不會衍生後續的問題。」

維爾認為烏布利希不過是想滿足人們日常生活的需求而已。「他沒有對任何人施暴。起訴書並沒有說他走私毒品，而是說他提供了一個讓人交易毒品的平臺。按照這個邏輯，我們是不是也該控訴電信公司？因為毒品交易通常是透過電話聯繫完成的。那麼整個網路呢？網路通訊軟體呢？這些管道都是毒品交易的媒介。」

維爾堅持絲路最多只是一個交易平臺，羅斯·烏布利希本人沒有參與任何毒品走私。在他看來，政府在很多方面的邏輯都有問題。他解釋，好人不守惡法，並且舉例說，美國曾有一段時間禁止公民幫助黑奴逃到北方，但正直的人就會勇於打破這種規定。

在他眼裡，烏布利希不只無辜，更是實踐自由

主義的英雄。

　　曾有一篇不尋常的採訪報導，受訪者自稱是恐怖海盜羅伯茲本尊。這篇文章刊登在 2013 年 8 月的《富比士》雜誌，也就是烏布利希被捕前的三個月。文章標題是〈專訪網路大毒梟：絲路的恐怖海盜羅伯茲〉，這是絲路的幕後主使者唯一一次接受訪問。談話中，DPR 表示他從創建者手中接管了這個網站。這句話的意思是他並非羅斯・烏布利希嗎？還是烏布利希假裝自己是另一個人？

　　2013 年 8 月 4 日採訪當天，DPR 透過 Tor 和絲路的通訊系統回答記者安迪・格林伯格的問題。被問到為什麼架設這個平臺時，DPR 答道：

　　絲路不是我創的，是我的上一任。據我所知，他是想結合比特幣技術和 Tor 網路，建立一個匿名的市場。一切都已到位，只要把各個元素拼湊起來就行。

根據報導，檢方堅持要求不讓陪審團在審判期間看到這篇採訪。

難道是烏布利希想把自己跟絲路做切割嗎？絲路是否在烏布利希創建它之後，就擁有了自己的生命，一如中本聰在創造比特幣後就從網路空間消失，任它自由發展？

能否請真正的恐怖海盜羅伯茲站出來？

可能性不大。他大概正和中本聰在某間壽司吧裡廝混吧。

那麼，有沒有那麼一點可能，馬克·卡佩雷斯就是絲路的幕後主使者呢？

Chapter 7

2月厄運來敲門

```
110
01

    00100        10100
    00100        10010
    01110        11010
01110111011001011100
1001010110000110100 1011
0011011101000110100 10111
1010010111100101110 00101
  100110000        1001001111
  100110010        1001000101
  000011001        100000011
  011111000011100101111 0
  00111111011101001011
  0011101101011010001011
  11001000001111000101100
  100001000        0001001100
  010010000        100011010
  000111011        0101011001
  100111011        00101011100
0100111010001101111011011
1000100110000100000001110
0010010111001111001001
000010100110111010 0
    01101        11001
    01110        11101

01
11
01
```

正當美國執法單位千方百計試圖搗毀絲路時，馬克和 Mt. Gox 的聲勢水漲船高。馬克成為一支紀錄片裡的角色，片中他坐在大型彈力球上對著記者侃侃而談。這時的他已小有名氣。

2013 年中開始，Mt. Gox 每日的交易金額高達數百萬美元，有時單日甚至上看 2000 萬美元。正如《蜘蛛人》(*Spider-man*) 裡的班叔所言：「能力愈強，責任愈大。」可惜比起美漫，馬克始終偏好日本漫畫，所以他可能從來沒聽過這句來自民間的智慧小語。對他來說，龐大的權力讓他擁有可觀的銀行帳戶，而可觀的銀行帳戶會讓人愚不可及。他被繁忙的工作吞噬，把老婆和小孩晾在一邊。當妻子離他而去時，他震驚不已。

他原本打算追回妻小，但這麼一來，他就得放下 Mt. Gox 幾天甚至幾個星期。身為執行長、財務長和資訊長的他，根本不可能這麼做。他開始自我放縱，把錢花在召妓、私人開銷和其他娛樂活動上。

要是他當時學會把私人帳戶和公司帳戶分開，用自己的巨額薪資來支付這些花費，也許後來的他就不會有那麼多麻煩了。

公司的擴張和隨之而來的問題，讓 2012 年的 Mt. Gox 忙得不可開交。11 月，Mt. Gox 和矽谷新創 CoinLab＊結為合作夥伴，以處理美國境內比特幣監管業務相關許可的複雜法律問題。

兩家公司在 2013 年 2 月公開合作關係。CoinLab 不久前才剛踏足這個戰場，但因為獲得風險投資家超過 50 萬美元的巨額資金，因此引起人們關注。雙方的合約規定，Mt. Gox 會將北美境內所有的服務和客戶全權委託 CoinLab 管理。這對雙

＊比特幣企業育成公司，由比特幣基金會聯合創辦人彼得・韋塞內斯（Peter Vessenes）成立，獲得矽谷傳奇投資人提姆・德雷珀（Tim Draper）的資金挹注。

方來說都是利多。CoinLab 的團隊規模不大但充滿熱情，而 Mt. Gox 這樣的大公司可以提供客戶與經驗；對 Mt. Gox 來說，有 CoinLab 協助管理美國和加拿大的客戶，就不必為了取得在美國營業的執照而煩惱。至少，他們當時是這麼想的。然而當四位金融專家各自提出意見時，這件事就變得複雜了。其中一位認為由於比特幣不受監管，所以不需要申請許可；另一位則說還是要申請，但幾乎不可能取得，例如一張通行全美各州的貨幣轉移業務（Money Transmitting Business，MTB）執照就要耗資 5000 萬美元，Mt. Gox 根本沒有那麼多資金。

CoinLab 表示他們可以處理這個問題。

美國財政部金融犯罪執法網（Financial Crimes Enforcement Network，FinCEN）在 2013 年 3 月發布命令，要求虛擬貨幣交易平臺申請執照，目的是保護金融系統免受洗錢之害*。也因此，該政府機關對交易商和貨幣匯兌公司尤其嚴格。馬克和 FinCEN 一樣，對比特幣被用於犯罪目的感到特別憂心。因此，絲路

事件爆發後，他決定先採取行動，多次主動聯繫美國司法部（U.S. Department of Justice）。其實早在2011 年，Mt. Gox 的防制洗錢措施就拒絕了某些持用假護照的客戶，從而將多位絲路賣家拒之門外。

馬克在 2011 年 6 月 13 日透過聯邦快遞（FedEx）致函美國緝毒局，信件內容如下：

我謹代表一家在日本的比特幣交易平臺 Mt. Gox 來信，旨在針對近來媒體爭相報導的虛擬貨幣一事進行討論。我們近來得知美國參議員呼籲速速強制關閉名為「絲路」的販毒網站。首先，我想明確表達立場，本人保證絕不縱容和販運毒品之事，我們的交易平臺亦不提供這種服務。敝公司將依法監管虛擬貨幣的流通與公司營運。我們願意遵守任

---

*加密貨幣交易商須向 FinCEN 登記，其在美國的營運活動會受到監管，且需履行防制洗錢行為、保存交易記錄、可疑交易通報等義務。

何法律條款，並隨時歡迎你們前來調查。

　　此外，馬克也建立了一套安全系統，防止任何被盜的比特幣存入或提領——比特幣很容易透過區塊鏈中的序號識別。他相信漫畫《守護者》（*Watchmen*）中的名言「攻擊他們其中的一員，就等於攻擊所有人。」他這麼做是為了和其他平臺站在同一陣線。正是因為他所展現的善意和無私，他的付出日後將會在某種程度上得到回報。Mt. Gox 顯然與絲路毫無瓜葛，這一點無庸置疑。

　　與此同時，美國緝毒局一名調查絲路案件的探員也開始對 Mt. Gox 產生不太尋常的興趣：這個人就是卡爾・馬克・福斯四世，也就是 Nob。還記得他嗎？他在恐怖海盜羅伯茲一聲令下，「弄死」柯蒂斯・格林，還收了比特幣當作報酬。

　　福斯探員本身就是比特幣的擁戴者，事實上，他和同事布里吉斯在 Mt. Gox 也有個人帳戶。內部

調查（Internal Affairs）單位*的調查人員應該要懷疑：這兩名探員光靠著領聯邦政府的死薪水，怎麼可能持有這麼多的比特幣？

福斯顯然是因為擁有足夠的比特幣和相關知識，才會想到和馬克合作。2013 年 4 月 8 日，福斯在 LinkedIn 邀請馬克，試圖和他聯繫上。他寄給馬克的訊息裡面甚至透露自己是緝毒局的探員。由於未收到任何回應，福斯又嘗試聯繫了幾次。

就在福斯試圖接近馬克時，一場風暴在地平線上醞釀著。5 月 2 日，CoinLab 對 Mt. Gox 提告，索賠 7500 萬美元。訴訟內容指稱，Mt. Gox 未履行合約披露北美客戶群資訊給 CoinLab，還持續為北美客戶提供服務。

---

*相當於政風部門，現已改稱專業操守室（Office of Professional Conduct）或專業標準局（Profession Standards Bureau）。

聽到消息的福斯認為這是千載難逢的機會，
5月7日，他向馬克自薦成為 Mt. Gox 在北美的代
表。他在電子郵件中說道：

我昨天看到新聞報導貴公司將中止與 CoinLab
的合作，很遺憾聽到這個消息。如果您仍在尋找北
美和加拿大的代表，請將我納入考慮之列。

感激不盡。

卡爾·福斯

2013 年 5 月中旬，美國國土安全部在沒有預警
或明確解釋的情況下，從 Mt. Gox 的美國帳戶和馬
克的私人帳戶中扣押了 500 萬美元。據瞭解，當局
是針對 Mt. Gox 未能註冊為貨幣移轉服務商，違反
了 FinCEN 的新準則，才會執行扣押。

幾天後，福斯再次寫信給馬克：

早告訴過你了，你應該跟我合作的！

馬克不太理解發生了什麼事，但是被凍結 500
萬美元對 Mt. Gox 而言是一記重擊，公司開始走下
坡。馬克告訴我：「CoinLab 的律師團持續威脅 Mt.
Gox，而瑞穗銀行（Mizuho Bank）也在這個時候釋
出訊息，要我們最好找其他銀行合作。幾個星期後，
瑞穗開始拒絕處理任何國際匯兌交易。我們別無選
擇，只能利用日本郵貯銀行（Japan Post Bank）進
行電腦轉帳，一天只能轉帳十筆，而我們在美國的
律師則試圖向檢察官爭取撤銷扣押。」

沒有一家銀行願意和 Mt. Gox 合作，所以其餘
的交易只能透過現金。Mt. Gox 的員工開始抱著裝有
數千美元現鈔的大袋子進入辦公室。

儘管出現這樣的危機，Mt. Gox 仍然掌控高達
80% 的比特幣交易，而馬克也始終沒有搞清楚問題
的嚴重性。

這些牽連甚廣的亂象導致馬克無法參加比特幣的年度大事，也就是在加州聖荷西（San Jose）舉辦的比特幣基金會成立大會。羅傑·維爾出席了典禮，溫克勒佛斯雙胞胎（Winklevoss twins）*也在場，這對兄弟檔在虛擬貨幣投資了大量資金（據說兩人持有的比特幣占流通總量的 1%）。馬克也應該在那裡的，但所有人都注意到他的缺席。

執行扣押後幾個星期，紀錄片《比特幣的崛起》（*The Rise and Rise of Bitcoin*）攝影團隊來到 Mt. Gox 的辦公室採訪馬克。拍攝前，他們達成協議不提及這件事。

馬克與行銷長（Chief Marketing Officer）貢札格·蓋伊－布切利（Gonzague Gay-Bouchery）在片中展示新辦公室，並說明他們現在每個月有 10 萬名新客戶加入。布置整齊的開放空間裡約有 20 多名員工，大部分的人舒適地坐在 MacBook 前工作。

高科技的 Dyson 風扇被巧妙地放置在辦公室周圍，出於未知的原因，有幾個員工的桌上擺著打了紅色領結的兔子玩偶。

馬克的辦公桌也位於開放空間中，面對所有的員工。那時的他身兼執行長、財務長、技術長和首席開發人員（lead developer）。他介紹自己最喜歡的程式語言，還破例帶著攝影團隊參觀禁止攝影的數據中心和伺服器機房。馬克吹噓自己已經優化了交易系統，從原本一秒處理 100 筆訂單增加到 1 億筆。影片裡的他渾身散發自信。

他甚至花時間秀了一手引以為豪的電子琴彈奏技巧，可惜他的表演沒怎麼讓人留下印象。

即便遭遇了一些波折，Mt. Gox 顯然是成功的，

＊卡麥隆・溫克勒佛斯（Cameron Winklevoss）和泰勒・溫克勒佛斯（Tyler Winklevoss）兄弟檔，曾控告 Facebook 執行長祖克柏剽竊創意，最後接受和解。日後兩人利用巨額賠償金投資，成為首批比特幣億萬富豪。

它仍然是全球最大的比特幣交易所。

然而，馬克不甘於此。他還想開一家用比特幣支付的咖啡館，目的是吸引更多的日本用戶；因為比特幣的國際交易已經放緩，這麼做可以提高日本人民對比特幣的認識。此外，這家咖啡館還可以充當比特幣用戶的聚會場所。

2013 年 8 月，他啟動比特幣咖啡館計畫，但這比他預期的還要花功夫，於是他將計畫推遲。一個月後，馬克收購電腦軟體建模公司 Shade3D，據他所言是為了擁有一項副業，好讓他在需要時能夠獲得現金流。

就在他埋頭進行咖啡館計畫時，比特幣在海外成了新聞版面的常客。

10 月 1 日，FBI 逮捕了羅斯‧烏布利希。同月，Mt. Gox 在香港取得金錢服務經營者（Money Service Operator Licence）牌照。10 月 29 日，拉斯維加斯一家新創公司 Robocoin 推出世上第一臺比

特幣自動櫃員機（ATM）。

2013 年 11 月，Mt. Gox 一枚比特幣的價值超過 1000 美元。到了 12 月，該平臺的使用者人數超過 100 萬。

儘管家財萬貫，馬克仍然不改他的生活模式，繼續吃垃圾食物、看日本動畫，一有空閒就寫程式。馬克的朋友和前同事朱利安‧拉格拉斯（Julien Laglasse）告訴我：「只要手裡有披薩、可樂和工作用的電腦，再有兩隻愛貓陪伴，馬克就是世上最幸福的人。他對金錢毫無興趣。」Mt. Gox 前景正看好，數百萬美元的客戶資金都是馬克在管理的，偏偏他對金錢漫不經心。儘管如此，他的名聲日益響亮。2014 年 1 月 19 日，因為和前妻之間的私人問題，馬克搬離世田谷區的住所，改住目黑區青葉台（La Tour Aobadai）高級公寓大樓的 28 樓。

1 月，世人看著他飛黃騰達；2 月，卻見他摔到谷底。

星星之火，可以燎原。2014 年 2 月初，有人在 IRC 網路聊天室（Internet Relay Chat）#mtgox 上，公開如何使用比特幣系統中的「交易延展性」（transaction malleability）漏洞*入侵該平臺。馬克經過一番苦鬥，費了很大的勁才找到阻擋攻擊的方法。然而新的威脅似乎隨時都可能來襲，馬克卻選擇忽視。

最後，在 2 月 7 日，馬克決定在找到可以一勞永逸防止進一步攻擊的解決方案前，暫停所有比特幣交易。2 月 10 日，Mt. Gox 的發言人在記者會上表示由於系統缺陷，暫停出金提現。這項公告直接引爆比特幣信徒的怒火，因為業界的人都知道存在這個漏洞，也早就提出警告了。馬克怪罪系統，但事實上他才是必須負起責任的人。停止提現真的是因為被鑽了交易延展性漏洞，還是 Mt. Gox 客戶和它本身擁有的數十萬枚比特幣被偷走或弄丟了？無論如何，馬可決定阻擋漏洞的最簡單方式是停止提領。

這下子鬧得人心惶惶。

馬克為了這個漏洞疲於奔命。他核對帳目,逐一比對 Mt. Gox 放在公司熱錢包*（好比公司的收銀機）和放在冷錢包（相當於銀行保險箱）裡的金額。大量的比特幣消失得無影無蹤。Mt. Gox 麻煩大了。

2 月 15 日,馬克告知他信任的一位員工,大約有 85 萬枚比特幣下落不明——當時價值約 5 億美元。他解釋,這些比特幣可能是在過去幾個月裡,被用戶利用系統缺陷抽走了。具體來說,似乎是系統出現故障,造成平臺重複撥款。他說,因為公司

---

*又稱交易可塑性,係指比特幣支付交易在發出後、確認前,包含數字簽名的解鎖演算法或 scriptSig 格式可被駭客修改（偽造複製）。這種漏洞會讓交易所誤以為提現未完成,於是再次轉帳給駭客（等於同一筆錢被提現兩次）,導致交易所蒙受龐大損失。

*hot wallet,又稱線上錢包,包括桌面錢包、手機錢包、交易所錢包、瀏覽器錢包等任何連接網路的加密貨幣錢包。因為私鑰是儲存在網路上,安全性不如冷錢包。

沒有僱用會計師事務所記帳或審計，才讓盜賊神不知鬼不覺偷走比特幣。

不到一年前，即 2013 年 7 月，日本最大且最具威信的信用調查機構帝國徵信（Teikoku Databank）將 Mt. Gox 的信用等級調降為 D4，也就是最低評級，主要原因就是 Mt. Gox 缺乏合格的會計人員。

Mt. Gox 在經歷了駭客攻擊、系統故障、資金被扣押等風雨後存活了下來，但這一次，他們山窮水盡。數以千計的客戶無法把錢拿回來，馬克卻拒絕提供任何資訊；他不跟任何人說話，連我和娜塔莉也不見，像是躲了起來。謠言四起，比特幣世界也陷入恐慌。

Mt. Gox 的客戶群氣氛緊張。風波發生後幾天，平臺用戶柯林‧勃吉斯（Kolin Burges）從倫敦搭機到東京，頂著大雪，身上裹著黑色毛帽、黑色長版大衣和一條圍巾，手裡拿著一張手寫標語，出現在

馬克的辦公室外等他。

「你手裡還有我們的比特幣嗎？」他擋住馬克的去路並且質問。

手裡拿著星冰樂的馬克躲躲閃閃，試圖進入辦公室都沒有成功，最後他說：「我要叫警察了。」

「叫啊。我又沒有碰你，剛才也都沒有碰到……你手裡還有我們的比特幣嗎？」

馬克沒有回答他，只說了：「請不要進來。」

他沒有比特幣了。這就是問題所在。

他也沒有足夠的資金可以維持平臺正常運作。美國當局扣押的那 500 萬美元可以解燃眉之急，但他卻碰不得。

很快，Mt. Gox 的核心成員和外部顧問會面，討論如何應對。所有人都希望 Mt. Gox 能維持償付能力，保住資金並東山再起。他們草擬了一份稱為《危機策略草案》的文件，目的是向投資人揭露問題並

訂定解決方案。

溫克勒佛斯兄弟和美國私有股票交易所 SecondMarket 的幾位高階主管都看過這份文件。不幸的是，文件內容後來被洩露給部落客 Two-Bit Idiot，他在紐約時間 2 月 24 日星期一傍晚 6 點 23 分張貼，不到幾小時就傳遍了整個網路。

媒體立刻掌握了這個消息，我和娜塔莉當然也注意到了。

「那一刻起，我們為了彌補財務空缺和避免破產所做的一切努力都白費了。」一位 Mt. Gox 的前員工這麼告訴我。

Mt. Gox 內部調查發現損失多達 74 萬 4408 枚比特幣，暫停了所有交易。馬克一直想辦法讓公司起死回生，羅傑‧維爾也希望能出現奇蹟。然而，該公司的帳目亂七八糟，就連 744408 這個看起來很準確的數目也不完全正確。2 月 25 日，律師們認為公司的生命已到盡頭，徹底關閉網站。

《野獸日報》在 2 月 28 日上午 11 點 19 分刊登我們的文章〈日本的比特幣洗劫案內幕〉，文中公布的損失數目更接近官方版本：82 萬枚比特幣。

　　究竟發生了什麼事？所有人都在問這個問題。當然也不乏各種臆測。

　　現任數據安全工作的前 Mt. Gox 客戶傑森・莫里斯（Jason Maurice）說，馬克不瞭解 Mt. Gox 安全系統缺陷的嚴重性，所以當他總算反應過來時，一切為時已晚：「馬克不過是忽視了程式中的一個漏洞，結果就讓他損失數百萬美元。任何一個有一點能力的工程師都能馬上明白那個漏洞的重要性；金融界的每一家公司一定都有隨時能發現這種問題的資安團隊。但是在馬克的公司，一切都要靠他自己。」

　　除了安全漏洞造成的損失，Mt. Gox 可能也不小心弄丟了一些比特幣。「很難相信會發生這種低級

錯誤。」莫里斯補充說道。

　　熟悉馬克的人聽到這種事應該都不會感到驚訝。誰會把公司的安全託付給一個會把筆電留在公園長椅上忘記帶走，還指望別人幫他送回來的人身上？

　　比特幣的確是一種無論從數位或實體角度來看都很不安全的貨幣。Mt. Gox 聲稱他們把大約 90% 的比特幣存儲在紙錢包（paper wallet）*和隨身碟。紙錢包指的是一份列印出的文件，其中包括在私鑰生成其等價貨幣所需的一切資訊。透過將比特幣移轉到紙錢包，私鑰就不會再以數位形式儲存在任何地方，駭客也就無法伸出魔掌。然而，紙錢包一旦弄丟，錢包內儲存的比特幣也會跟著永久遺失。前員工指稱，Mt. Gox 的紙錢包經常被隨意放在辦公室，例如埋在沙發底下或是被推到辦公桌後面。馬克予以否認。

另一名員工也爆料，Mt. Gox「在一家銀行租了保險箱。需要重新填充交易帳戶時，就會到銀行取出一些紙錢包，把比特幣存入系統。但是沒有人核對從銀行紙錢包提取的比特幣金額和存入系統的金額是否相符。只要有穩定入帳，就沒有人會注意到缺了什麼。所以，等我們意識到問題時，一切早就亂了套。」

令人起疑的是，即便安全系統存在著缺陷和漏洞，85 萬枚比特幣怎麼可能就這樣消失呢？是被駭客盜走了嗎？遭小偷？還是因為 Mt. Gox 就像一艘船底破了個大洞的郵輪，比特幣就在時間的推移中一點一滴地漏掉了？

---

*冷錢包的一種。紙錢包生成器會產生與他人交易使用的公鑰（位址）和自己保管儲存用的私鑰，以及相對應的 QR Code。用戶可將私鑰印製出來，也可以寫在紙上保存。基本上只要不洩露私鑰，錢包內的貨幣就不會有失竊風險。

我們的文章在《野獸日報》刊登約莫四小時後，Mt. Gox 向東京地方法院聲請破產保護。該公司宣布損失 6400 萬美元，丟失用戶近 75 萬枚比特幣和 Mt. Gox 本身持有的約 10 萬枚比特幣，總計約 85 萬枚，占全球流通的所有比特幣的 7%，時值約 4 億 7300 美元。

卡佩雷斯對那一天記憶猶新：「那天下午，我和律師一起去了東京地方裁判所（東京地方法院），幾小時後，命令就下來了。我們有 30 分鐘的時間準備召開記者會。那個房間裡擠滿了人。

記者會本身很順利，雖然有個攝影師意外用英文提問，讓我沒有心理準備。但最糟的是從門口走到外面要搭計程車的時候，我被記者團團包圍，大家愈靠愈近。坐上計程車後，司機好不容易才駛離現場。那些人一路尾隨我到國際通商法律事務所（Baker & McKenzie），我在那裡終於能夠喘一口氣，然後開車回家休息。」

馬克在記者會上解釋，公司破產和比特幣生成軟體中的一個「漏洞」有關，有一個或多個人「入侵」比特幣網路並利用這個漏洞。由於該公司在 2017 年以前都有會計帳目，因此很少有人懷疑這位執行長從他的客戶那兒五鬼搬運。

儘管 Mt. Gox 申請破產，馬克仍然在澀谷的同一間辦公室工作。員工人數大幅減少，一樓的咖啡店原本要改成全球第一家比特幣咖啡館，但計畫胎死腹中，如今也與一般咖啡店無異。

與此同時，內閣官房長官菅義偉宣布，包括警方和日本金融廳（Financial Services Agency）在內的有關當局正收集日本的比特幣交易資訊，並考慮採取監管行動。這對那些損失了投資的受害者（有的人損失甚至高達 15 萬美元）而言，現在採取行動已經太遲了。據悉，美國當局也展開對 Mt. Gox 的調查，有些員工也被傳喚出庭。

東京青山學院大學的德國法和歐盟法教授卡

爾－弗里德里希・倫茨（Karl-Friedrich Lenz），也是學術論文《論新興網路貨幣比特幣在歐盟法與德國法中的法律議題》作者，認為 Mt. Gox 本應被視為一家銀行，並根據日本現行法律取得經營執照。「如果 Mt. Gox 被視為銀行，問題就不會發生了。因為 Mt. Gox 必須擁有合格的會計和具備財務技能的人員，才能取得執照。日本政府不太可能會核准一家由毫無財務背景的 27 歲電腦天才經營的公司。」

記者會後幾天，風波開始平靜下來，東京地方法院任命的受託管理人（trustee）也接手管理 Mt. Gox，開始思考怎麼做。馬克說：「我們在短時間內成立了客服中心，這是我在幾個小時之內竭盡所能開發的，接著很多事情開始有所進展。」

馬克內心依然期待 Mt. Gox 可以重振旗鼓，但不幸的是，他被居家監禁，以便隨時協助清算人（liquidator）並回答問題。這也促使了 Mt. Gox 終結。

而在美國方面，馬克的律師則是根據〈美國破產法〉(United States Bankruptcy Code/American Bankruptcy Act) 第 15 章遞交破產聲請，這是在外國進行清算或重組程序時必當遵循的程序。美國法院要求馬克本人到庭說明，否則無法執行該項程序：意思是，Mt. Gox 在美國的資產可能會被全數扣押。

「外傳我打算去美國。我的確是被 FinCEN 發了傳票沒錯，美國國土安全部還在每個可以讓我進入美國的機場派了探員守候。我當然是不可能在這種情況下去任何地方的。除非美國人保證放我回日本，東京法院才有可能放行。日本方面最後拒絕了，並且在 2014 年 4 月底開始清算程序。在那之後，我試著讓我的第一家公司 Tibanne 上軌道，但不是很成功。夏天快結束時，我遇到一個瑞士記者，她曾經著手尋找那些失蹤的比特幣。」那個記者就是娜塔莉‧斯塔基。

2014 年 3 月 20 日，馬克找到了一個紙錢包，裡面存有 20 萬枚比特幣。然而，好消息傳出的同時也引發了一些猜疑。人們開始質疑，如果 Mt. Gox 可以這樣把 20 萬枚比特幣放錯地方或遺失，說不定其他的比特幣也是被他們粗心大意弄丟的。或者，根本就是馬克把它們藏了起來。

許多疑問有待釐清。好幾位私家偵探調查了馬克向麥卡勒布收購 Mt. Gox 時的條款，其中有些人認為，那些比特幣是在轉移期間被盜走的，這個時機行竊最不容易被察覺。

Mt. Gox 破產後，馬克的律師向日本警方提交報告，要求他們調查針對該公司的駭客攻擊和比特幣失竊事件，日本警方於是展開行動。

一些網路犯罪專家認為，日本警方沒有偵破此案的能力，這也是 Mt. Gox 好幾位債權人的想法，所以才另外聘僱了私家偵探。但馬克覺得這些人小看了日本警方。他認為警方做得很好，調查正取得

進展。他無法得知全盤細節，但由於和警方密切合作，還是比其他人更瞭解一些。

「我看到一些別人從來沒機會見到的事，基於這點，我認為日本警方的效率相對較高。他們不會一一報告有哪些進展，所以才會給人什麼都不做的印象，事實上他們真的有在處理。然而，眾所周知，警察會逮捕無辜的人，並且強迫他們承認自己沒有犯下的罪行。所以我希望他們不會亂來。當然，這種事沒有人可以掛保證……但我個人是支持警方的，也期許他們可以找到罪魁禍首。對我來說，結果比手法重要。」

馬克將會發現，辦案的手法可能相當殘酷，而結果……也可能離他的想像很遠。就在日本警方如火如荼展開調查時，太平洋的另一端也正進行烏布利希的審判，繼而讓美國當局開始懷疑馬克‧卡佩雷斯就是恐怖海盜羅伯茲。

每個人都用有色眼光看著馬克，就連我也是。就算他不是 DPR，也不能證明他是無辜的。

Chapter 7 2月厄運來敲門

Chapter 8

不尋常的嫌疑犯

```
110
01

        00100        10100
        00100        10010
        01110        11010
0111011101011001011100
10010101100001101001011
001101110100011010010111
1101001011110010111000101
    100110000        1001001111
    100110010        1001000101
    000011001   .     100000011
    0111110000111001011110
    00111111011101001011
    0011101101011010001011
    11001000001111000101100
    100001000        0001001100
    010010000        100011010
    000111011        0101011001
    100111011        00101011100
10100111010001101111011011
1100010011000010000001110
00010010111001111001001
00000101001101110100
        01101        11001
        01110        11101

01
111
101
```

美國 90 年代有個情境喜劇叫《大家都愛雷蒙》
（*Everybody Loves Raymond*），講述一個事業有成
的體育專欄作家古怪的日常生活和他瘋狂的家庭故
事。如果當時要拍馬克・卡佩雷斯的真人秀，劇名
應該會叫《大家都恨馬克》。這會是一齣悲喜劇，
故事中的角色有曾經意氣風發的新創企業老闆和他
憤怒的朋友、債權人以及所有希望他去死或去坐牢
的人。馬克那饒富趣味的微笑和遲鈍的反應絕對是
最合適的喜劇元素。

馬克現在的朋友所剩無幾，但敵人卻滿山遍野。
2014 年 2 月 24 日，就在 Mt. Gox 宣告破產前，他
收到一封署名 Carpenoctem 的人寄來的電子郵件，
對方向馬克勒索，以交換那些「被 Mt. Gox 惹火，
憤而出手攻擊的絲路賣家」的資料。

娜塔莉─鄉子大約就是在這個時間點來採訪馬
克。當時的馬克看上去極為孤單、迷惘，應該意識
到了自己的失敗。

「馬克，你現在最想要什麼？」

「我希望不要那麼孤單。這句話可以有很多種詮釋，但我最大的問題是沒有幾個人真正理解我。這種生活並不容易。我不是很擅長交際，以前更糟糕，我現在至少看得到自己的缺點，跟其他人互動也多了一些。」

「你覺得生活的意義是什麼？其他人對你來說又有什麼意義？」

「我覺得到目前為止，我都是一個幸運的人。可是在看到這個結局時，我也覺得自己很不幸。這種狀況的確很可怕。我希望他們能找出事情的真相。」

就這點來說，馬克不是孤軍奮戰，還有警察、私家偵探和我們這些窮追不捨的記者都在努力弄清楚發生了什麼事。

其中，身為電腦安全專家的金‧尼爾森在 Mt. Gox 事件中失去了 12 枚比特幣，損失並不算大。就算如此，他內心的怒火仍舊被點燃了，決定以自己

的方式反擊。儘管外表看似鎮定，而且擁有優異的分析能力，但他長得就像個年輕一點的聖誕老人。原本對區塊鏈一無所知的他在短時間內進入狀況，和傑森‧莫里斯合作，再加上其他也損失不少錢的人一起，試圖找出真相。一家專門處理區塊鏈資安問題的公司 WizSec 因此誕生。他們將藉由解開這個價值近 5 億美元的謎題來證明自己的價值：那些比特幣是在何時、何地、如何消失的？它們究竟在誰手裡？

「我第一個懷疑的當然是馬克‧卡佩雷斯。」他回憶當時的情景。

所有人都認為馬克就是嫌犯。

自從 Mt. Gox 倒閉後，比特幣小圈子裡的人和國際媒體都把馬克貶為小丑、騙子。而日本的小報刊則戲稱他是關在「天守」*中的「野獸」。他成了一個傻子、奸商，「一個根本就不該開公司的人」。那些日子裡，他每天都收到死亡威脅。

情勢在 2015 年初羅斯‧烏布利希的案件開審始時又更糟了。烏布利希的律師想盡一切辦法把馬克變成 DPR。

前文提過，法庭對烏布利希的控訴包括販毒、組織犯罪集團、協助並教唆用戶在網路上分銷毒品、駭入他人電腦和洗錢等罪名，並處以終生監禁。在接受質問的過程中，國土安全部的調查專員德－耶希亞揚也把矛頭指向馬克，認為自己追捕的就是涉嫌創立並經營絲路網站的那個人。

除此之外，德－耶希亞揚在法庭上接受質詢：「你的結論是，卡佩雷斯就是絲路網站的創辦人，而他的同事艾希莉‧巴爾（Ashley Barr）是 DPR 這個帳號的持有人。這麼說對嗎？」

＊即日本城建築中最高的城堡。

「卡佩雷斯在網路上公開的英文文筆和程度跟DPR 有落差。因此，我認為是另一位和他關係密切且觀點一致的人為他工作，並以 DPR 的代號在網路上活動，那個人就是艾希莉・巴爾。」

你可能還記得德－耶希亞揚在芝加哥盯上馬克的時候，位在巴爾的摩的國土安全部在 2013 年 5 月從 Mt. Gox 的美國帳戶中扣押了 500 萬美元。這筆扣押的真正原因一直到烏布利希的審判結束才會公開。在那之前，當局只聲稱是因為馬克無照且非法經營匯兌業務。

據說，當巴爾的摩的團隊停止尋找馬克是絲路創始者的證據後，德－耶希亞揚曾寫過一封充滿情緒性字眼的電子郵件給該團隊的同事。

事實上，馬克一直以來都非常配合美國當局的調查。他甚至檢舉了 100 多本企圖開設 Mt. Gox 帳戶的假護照，而且也承認絲路的部分網絡是交由他託管。他指出：「部分的絲路伺服器，也就是

silkroadmarket.org，仍然使用我名下的託管服務。」

　　儘管如此，烏布利希的律師仍然緊咬著馬克不放，指控他就是絲路的幕後操盤手。娜塔莉和我不得不寫信詢問他的說法。坦白說，寫那封電子郵件時，我羞愧地脹紅了臉。我常說，天底下沒有愚蠢的問題，但有時還真的有。幸虧馬克在幾乎一無所有之時仍然保有一點他那獨特的幽默感。

　　你們可能會感到失望，但我不是恐怖海盜羅伯茲。這段時間的調查其實早就得出結論了，所以現在坐在法庭上面對絲路案件審判的人不是我。他的律師持續要把關注的焦點從他的當事人身上移開，我也只能為他感到遺憾。

　　我跟絲路一點關係也沒有，而且也不認同他們做的事。我不認為比特幣（和相關的基礎）技術是為了幫助人們逃避法律而存在，而是為了提供一個前所未有的方式和可能性來改善人們的日常生活。

偵查期間，馬克也強調，他擔心透露過多關於絲路的訊息會讓以前的員工和其他人處於險境。每每有人問他是不是絲路的創辦人，馬克都會帶著他那狡詐的微笑回答：「我不是海盜，也不是騙子。而且我鄭重聲明，我也不是發明比特幣的人，不是那個神祕的中本聰。」

我探訪了許多相關人士，企圖找出馬克就是DPR 的謠言從何而來，又止於何處。熟知國土安全部內部消息的人告訴我們，由於馬克積極合作，2013 年底就被排除在絲路創辦人的可能名單之外了。消息指出，目前當局相信絲路是由 Mt. Gox 的客戶經營的，而指認馬克為嫌疑犯的是一名貪汙的探員。看來也是如此，因為 DPR 似乎知道馬克和美國方面合作（早在 2011 年，Mt. Gox 制定了反洗錢規範後，就因為查獲許多假護照而把許多絲路的賣

家拒於門外）。

2013 年 9 月 1 日，也就是烏布利希遭逮捕前一個月整，DPR 寫了好幾封信給馬克，標題都是：「關於偵察中的案件。」電子郵件是寄到馬克在比特幣基金會的信箱，內容如下：

嗨，馬克，

如題，我有一些消息可以提供給你，同時也有個請求。但我只想透過 PGP＊傳給你。你可以給我公鑰嗎？

馬克從未回覆這些訊息，因為他從來不開啟這個信箱。DPR 還是持續傳來訊息，大概就是因為他以為馬克和美國當局合作。而他的想法並沒有錯。

＊即良好隱私密碼法（Pretty Good Privacy），是一個用公鑰加密的軟體。

DPR 的第六感很準，但他不知道調查人員瞭解多少他的事，所以才需要弄清楚。

馬克和好人合作，有人這麼對 DPR 說。羅斯·烏布利希在那本沒有出版的《烏布利希日記》中就曾提到，有個稱為 French Maid（法國女傭）的人指稱是馬克把 DPR 的消息洩露給國土安全部的。

這本日記在法庭審理此案時作為物證提交。在 2013 年 9 月 13 日的那一頁中記載了烏布利希（為獲得有關調查的資訊）支付了 10 萬美元給 French Maid。而一天後，DPR 的確付給 French Maid 10 萬美元。檢方顯然對這段故事很有意見：調查小組是否有內鬼？

檢方在向陪審團提交物證時，幾乎刪除了所有 DPR 從執法部門買消息的內容，但他們犯了一個很大的錯誤，就是忘了編纂其他文件中的嵌入式資訊，如此一來就能在沒有經過有關當局編輯的情況下，查閱日誌的原始內容。記者和私家偵探欣喜若狂，

比特幣大騙局

如今擁有的資料已足以進入 DPR 的信箱查找證據了。

然而，誰是 French Maid？卡佩雷斯的心裡有個底，他想起緝毒局的那位卡爾·福斯寄來的奇怪訊息。

2015 年 3 月 30 日，在烏布利希定罪後，司法部又公布了有關在取締絲路的調查中案件裡扮演重要角色的兩位聯邦探員的文件。他們從網站偷取比特幣，並在辦案期間趁機藏匿了這筆錢。

對我們這些長期關注此案的人而言，這是天大的好消息。

那兩個人毀了馬克的人生，而且還造成 Mt. Gox 倒閉。而這則消息竟然要等到審判結束後才被公布，司法單位顯然企圖掩蓋這項事實。

我打了通電話給《野獸日報》，希望能與追蹤該案件的記者取得聯繫。我需要把事情釐清。在整

理了成堆的文件、聲明，並且和各個消息來源談過後，以下是我們可以確定的：

美國警方曾把馬克的資料交給絲路的管理員，並且透露馬克多次和警方合作查案。洩露消息的探員還試圖要求以高額比特幣作為報酬。這兩名探員甚至逼迫 Mt. Gox 和他們交易，但遭到 Mt. Gox 拒絕。後果就是 Mt. Gox 的美國帳戶被凍結了 500 萬美元。

審判文件和其他消息來源指出，前探員卡爾·福斯四世在 2015 年 4 月 30 日遭到逮捕。據稱，他曾向 DPR 索取相當於 25 萬美元的比特幣作為封口費。福斯方面則向 DPR 提供了馬克交給當局的一些資料。

美國聯邦法院的文件中概述了對這兩名探員的指控，同時也指出前特勤局探員肖恩·布里吉斯在調查絲路案件的過程中，竊取價值超過 80 萬美元的比特幣。據稱，他在 2013 年 3 月 6 日至 5 月 7 日

之間，就是在當局凍結 Mt. Gox 的資金前，分批將原本在 Mt. Gox 帳戶裡的錢匯入某個個人帳戶。而他也是 Mt. Gox 資金遭凍結的關鍵人物之一。

換句話話，Mt. Gox 資金凍結的原因完全是出於個人恩怨：對卡爾．福斯來說，是馬克拒絕和他合作；對布里吉斯來說，是為了抹去他把錢匯入個人帳戶的痕跡。馬克因為做了正確的事而受到懲罰。

現在，我們應該要問的問題是，失蹤的 65 萬枚比特幣是不是在這兩個人手中？感覺不太可能，但也並非不可能。

卡佩雷斯在一封電子郵件中向我們說明：

我方律師向執法部門提供的資訊，最終被（遭逮捕前）受到調查的各方獲知，是非常嚴重的問題。我們早在 2011 年就封鎖了部分的絲路賣家。這可能會導致許多人因為擔心身家性命，寧願封口也不願分享相關資訊給執法部門。

現在，馬克知道 DPR 要他的項上人頭了，他的感受好不到哪裡去。

如果從動機上來推敲，這起驚世大劫案的嫌疑犯名單上就不只有馬克的名字了，還包括了 DPR、憤怒的絲路賣家，甚至是追緝 DPR 的聯邦探員。

是的，所有人都憎恨馬克。又或者，並不是所有人。一開始篤信馬克參與了竊盜案的金‧尼爾森愈來愈懷疑這件事沒有這麼單純。

「最終，我開始覺得馬克也跟我們一樣，拚命想搞清楚事情的真相。」因此，金和他的團隊獻上所有可以讓馬克做他拿手的法式鹹派的材料，藉此換取一張到馬克那間較為低調的公寓會面的邀請卡。而馬克為金端上的不只是鹹派，還有他需要的資料。就某種程度而言，馬克交了一個朋友。

但馬克的麻煩還沒結束。2015 年初，他又被指控犯下另一樁罪行，他仍然不能掉以輕心。

1 月 15 日，擁有上百萬枚比特幣的比利時新科技企業家奧利維耶・詹森斯（Olivier Janssens）公開指控馬克在經營 Mt. Gox 時期曾對一名前雇員發出死亡威脅。

　　曾是 Mt. Gox 前客戶的詹森斯在 2014 年 1 月時，因為第一個使用比特幣購買機票而成名。他在 Mt. Gox 鼎盛時期透過該公司賺了一筆錢。不幸的是，在 Mt. Gox 倒閉後，他也損失了相當於 500 萬美元的比特幣。

　　詹森斯在 Twitter 上寫道：

　　我手上握有馬克・卡佩雷斯多次以死亡威脅一名前雇員的證據，白紙黑字。日本警方也握有同樣的證據。#RossUlbricht

　　這項指控在社交媒體引發軒然大波。

　　詹森斯很可能計畫把這些「證據」交給烏

布利希的律師。幸虧法官凱薩琳·B·弗瑞斯特（Katherine B. Forrest）已判定馬克參與絲路的事情純屬推測，且不接受未來任何關於馬克就是 DPR 的證詞。把馬克抽出嫌疑名單的人也是她。儘管對馬克來說，這些都是很正面的消息，但在審判過程中被控以死亡威脅員工造成他的形象大損。

詹森斯手中所謂的證據其實是一連串由馬克寄出的電子郵件。其中一封在 2014 年 3 月 1 日收到的信件中寫了：

還記得你收到的那封短信嗎？如果你敢說出任何含有機密訊息的事，我們會想個辦法處理，必要時也會採取法律範疇外的方法。比方說，把你裝在一個小盒子裡送回你家。我希望你能保持沉默。謝謝。

信件署名是馬克·卡佩雷斯，也是從他的信箱裡寄出的。兩天後，同一個信箱又寄了一封信：

別忘了。我一直盯著你。

威脅他人性命在日本構成刑事案件，根據威脅的內容，可能被視為恐嚇或敲詐。

然而，事情卻又有了轉折，詹森斯突然撤回控訴，並公開表示他的專家團隊正在調查手中的證據。他身邊的一位網路安全專家承認這些電子郵件很可能不是真的。詹森斯的律師 Takaaki Nagashima 說他無法對這些指控發表評論，因為這些投訴出自 Mt. Gox 的一名前雇員，此人和該公司的其他前雇員一樣，有內神通外鬼的嫌疑。

馬克否認曾經威脅任何員工。他很有信心，且相信專家能證明這些電子郵件的真偽。

馬克在東京的委任律師 Nobuyasu Ogata 在 2015 年 1 月 20 日發布的書面聲明中表示，這些指控沒有任何事實依據。「有人在外流傳不甚專業的偽造文件並以此作為證據，絕不可認真看待。」

那麼，就剩下一個問題了：為什麼 Mt. Gox 的員工要指控馬克以死亡威脅？他是不是帶走了比特幣，再試圖以這種技倆洗刷自己的罪名？

是誰洗劫了 Mt. Gox？嫌疑人不少：不老實的員工、駭客、馬克、絲路賣家、FBI 探員，以及 DPR。

甚至有人認為，是 Mt. Gox 內部一個代號為 Wily-Bot 的交易機器人發生故障，多年來不斷釋出比特幣。於是，我們又有了另一個可能：一個機器人，一個安裝在系統中的人工智慧。

一切都有可能。如果你在當時問我，中本聰會不會也是嫌犯之一？我應該會回答：「有什麼不可能的。」

儘管可能性很多，但事情從 2015 年 1 月 1 日起似乎看到了曙光。那天，《讀賣新聞》的頭條指出該竊案是由 Mt. Gox 內部員工或主管犯下的，而

警方和檢察官已找出真兇。

　　我早該料到的。多年來追蹤日本警方相關報導的我，早已看過警察找錯網路攻擊事件的嫌犯並逮捕無辜的人。

　　真相是什麼並不重要。在他們眼裡，馬克就是最佳嫌疑人。

1　0
1　1　0
0　0　0　1　　0
1　0　1　0　　1
0　1　1　0　0　1

Chapter 9

正義不存在

```
      00100        10100
      00100        10010
      01110        11010
01110111011100101100
1001010110000110100101 1
0011011101000110100101 11
110100101111001011100010 1
  100110000        1001001111
  100110010        1001000101
  000011001        100000011
  01111100001110010111110
  00111111011101001011
  00111011010110100010 11
  110010000011110001011 00
  100001000        0001001100
  010010000        100011010
  000111011        010101 1001
  100111011        00101011100
101001110100011011110110 11
110001001100001000000 1110
000100101110011110 01001
00000101001101110100
      01101        11001
      01110        11101
```

010101
010101
1 0110
0 01 0
1 101 1
00   0
0

　　我曾向馬克承諾，在他被捕後會為他處理好一切；為此，我幾乎賠上了性命。

　　我對貓極為過敏。馬克至少會被拘留 23 天，這段期間，我必須照顧他家裡的兩隻小貓 Tibane 和 Julia。牠們已經在那間公寓裡關了 24 個小時，等著有人（就是我）去餵食。

　　進入公寓前，我不得不穿越日本記者大軍，這些人看到一個同行進出嫌犯公寓，無不露出訝異驚恐的神情。為了避免不必要的懷疑，我只好在 Twitter 發布了和貓的合照。

　　就算我和這些小動物一點也不親近，但直到證據出現前，牠們都是無辜的。不過我還是趕緊請娜塔莉接手，畢竟她很懂貓。娜塔莉之後，又換成馬克的朋友朱利安（Julien）照顧，在和小貓共處了幾天後，他決定收養牠們。

　　大部分的人都不喜歡馬克，但這兩隻貓有自己的粉絲群，貓主子的推文也非常受歡迎。

9 月 11 日，日本檢察官首次起訴馬克，主要的罪名為：挪用 Mt. Gox 客戶 270 萬美元的資金。起訴狀下來時，他已經被羈押 40 天了。

馬克在東京緒方綜合法律事務所的律師反駁此一訴狀毫無根據。律師表示，馬克在其他地方投資的資金來自個人收入，而且金額高達 2800 萬美元。

一名東京的會計專家說明，如果檢察官真的指控馬克挪用公款，那麼日本大多數的公司應該都要受到同樣的指控。

其實警方的策略是連續以幾個輕罪逮捕馬克，持續關押，直到他認罪為止。

不難想像那些條子在想什麼：被指控的嫌犯通常很容易認罪，即使他們什麼都沒做。後面會提到另一起著名的案件，一名孤僻的駭客玩弄網路安全警察，因此造成數名無辜者入獄，其中幾個最後還認罪了。

馬克從第一次被羈押後就沒有出來過。萬世

橋派出所的警官說馬克在幾星期內瘦了 15 公斤左右。他每天只能有一次探視，而且只允許閱讀日文書籍。想當然耳，也不能碰電腦。對他的審訊有時非常荒誕。比如說，審訊者會連續好幾天、每天好幾次反覆詰問他是否為中本聰。

在針對馬克的諸多控訴中，檢察官始終沒有提及那消失的 65 萬枚比特幣（當時價值約 3 億 9000 萬美元）。

10 月底，他又再次因挪用公款遭到羈押。警方暗示媒體大部分挪用的資金都被馬克用來嫖妓，記者們紛湧而上搶著分享那杯羹。我曾經也是那些流著口水等著啃骨髓的人之一，也許換做是我，也會有一樣的反應吧。

事實上，馬克嫖妓跟對他的控訴一點關係也沒有，不過就是為了暗示他挪用公款罷了。這麼一來，報導這些荒淫的細節就會變得合理——至少對追蹤這起事件的記者來說是如此。

比特幣大騙局

這次的罪名是他把公司客戶帳戶中 2000 萬日圓（約 16 萬 6000 美元）的資金轉至個人帳戶。跟那一大筆消失的錢比起來，這金額似乎微不足道。而且他始終沒有收到關於那筆資金的訴狀。

　　他的羈押期間被延長兩次，每一次警察和檢察官都能根據日本法規再多羈押三週。而且審訊期間律師不得在場。

　　為何要一次又一次逮捕他？

　　因為這是標準程序。去問問被覬覦寶座的日本同事出賣的卡洛斯·戈恩*就知道了。檢察官利用這些人殺雞儆猴，每當想傳達某種訊息時，這些外國籍的執行長就會成為最完美的對象。日本司法體系本應遵守的原則是，任何被告在證明有罪之前都應視同無辜，但事實並非如此。

---

*卡洛斯·戈恩（Carlos Ghosn），巴西與法國混血的實業家，2001 年起擔任日產汽車（Nissan）總裁，2018 年 11 月被日本當局指控濫用公司資產和稅務詐欺。

　　讓我為你們介紹一下背景：

　　我在日本做了四分之一世紀的司法記者，這些令人難受的事對我來說再熟悉不過。這個國家的司法體系是這麼運作的：

　　警察逮捕你之後，就會希望你認罪。如果不聽話照做，你就會一次又一次被警方收押。愈不配合，控訴的清單就會愈長，警方可以拘留你審問的時間也會愈久。

　　那些條子認為身為「親日派」分子的馬克會是個配合演出的嫌犯，為了迅速結案，即使什麼都沒做，他也會承認所有檢察官指控的罪名。

　　以此為前提，警察和檢察官會不惜一切代價要你召供。在日本的司法體系中，無罪或有罪不具任何意義，一份供詞比世上所有的證據都更有價值。

　　舉個例子來說。2015 年 11 月 24 日，東京高等法院認定一名 51 歲的詐欺嫌犯遭警方以減刑逼供。他因為拒絕承認最初被起訴的罪名，最終被以

比特幣大騙局

多項詐欺罪名起訴。被告事後翻供，並主張無罪抗辯。他的律師聲請傳喚當初詢問被告的警察交互詰問，但遭（一審）法院駁回。被告因此被判處五年有期徒刑並上訴。該被告於是打電話給逮捕他的警察，錄下承認上開交易的談話內容。因為這項證據，東京高等法院才在上訴中裁定將本案退回地方法院更審。

　　這起案件是日本司法史上非常罕見的案例，如果被告當時沒能提出那段錄音，那麼我們現在說這段故事時，那個男人還在吃牢飯。

　　就目前的日本司法體系來看，被抓的嫌犯是認罪也完蛋，不認罪也會完蛋。警方和檢察官至今還是拿不到馬克的供詞，畢竟承認一件自己沒有犯下的罪行也沒那麼困難的吧。

　　大家心中的疑問是：如果馬克擁有 65 萬枚比特幣，為何不學羅傑‧維爾跑到一座荒島上生活？他大可拿一本全新的護照去南美洲或其他地方享

福，而不是在牢房裡發霉腐爛。如果他真的是犯人，為什麼要和警方如此密切地合作，甚至允許他們查看自己的資料？為何不在破產前消滅一切證據，以求輕罪脫身？

幾年前，日本振興銀行（Incubator Bank of Japan）總裁就曾祭出這種策略，最後的效果不差。當時日本振興銀行因過度擴張且涉嫌非法交易而倒閉，向東京地方法院聲請破產。這起事件原本可能動搖日本金融系統的根基，但媒體選擇淡化報導。這是日本七年來首次有銀行倒閉，也是自 1971 年日本設置存款保險機制（deposit guarantee）*以來，首次把金額限制在 1000 萬日圓。但當時日本振興銀行的淨負債為 1804 億日圓。

當時銀行的總裁木村剛在政壇裡也有幾個熟人，在得知日本金融廳即將對銀行展開調查時，立即銷毀所有相關記錄。他因此被判一年可緩刑的有

期徒刑，至今沒有吃過一天牢飯。這個案例說明了，只要你的鞭子夠長，能及時湮滅證據，你就有機會只帶著輕罪脫身。

　　馬克大可採取同樣的策略，大可隨手刪除交易記錄和伺服器上的資料，只留銀行報表給調查人員啃食。但他沒有這麼做，反而親手奉上所有資料，和網路犯罪小組的警察一起追查事件原委。

　　也許這是他的詭計。也許他只是假裝尋找真兇，藉此掩飾自己的罪行。

　　問題在於，日本的司法體系並不是為了公開真相而存在，而是為了在被正式起訴後讓嫌犯頂罪。

　　日本的起訴判刑率高達 99%，多數人會以為這是司法體系驚人的成效，事實並非如此。日本以前

---

*存款保險是在銀行破產時，確保存款人可以取回一定存款金額之機制，以適當保護存款人權益，避免因存款人擠兌而波及金融穩定。

也有陪審團制度，1943 年的起訴判刑率為 83%，直到戰後改由法官自行判決，藉此確保司法零容忍且不容質疑的地位。

日本最著名的律師之一河合弘之稱這種刑事審判為「挾持人質」。他指出，一旦被警察拘留，包括最初的 48 小時在內，直到可能被延長至 23 天的羈押期間結束為止，被收押的人都無權跟律師談話。嫌犯接受審訊時，律師也不會在場。而且他們可能會忘記提醒對方有保持沉默的權利。

這段期間內，嫌犯每天接受審訊的時間長達八小時，有時甚至更多。簡直是創造假自白的完美環境。

河合表示：「理論上，法律明定『任何被告在證明有罪之前都視同無辜。』然而，除非對方認罪，否則警方通常會拒絕保釋。他們認為在取得供詞前，被告隨時有可能銷毀證據，這也間接暗示了被告是有罪的。如果被告翻供，法官也絕不會相信當

比特幣大騙局

初的自白是逼供而來，最終被告還是會被判刑。」
最後，他也強調在沒有跟當事人事先交談的情況下，
律師很難制定辯護策略。

　　坦白說，日本的檢察官握有所有的王牌，他們
甚至不必向被辯護方展示所有的證據。根據日本法
專家大衛・強森（David Johnson）所說，檢察官隱
瞞能為被告開罪的證據是合法的行為。

　　一名離開檢警工作的檢察官曾出版一本書，描
述自己如何恐嚇無辜的被告。書中提及在求學階段
經常聽到「黑道和外國人沒有人權」的說法。

　　日本也曾發生過類似馬克這樣的案件，反映出
日本司法制度的不公和警察脫軌辦案、強逼供詞的
險境。該案件也是關於一位資訊天才、駭客、一隻
貓和無辜的民眾。在瞭解馬克如今為何面臨十年牢
獄之災前，有必要先知道這些背景因素。

　　2012 年 5 月，日本警方對一位連續發出恐嚇

信的駭客展開調查。這封恐嚇信出現在數個日本網站上，宣稱將發動恐怖攻擊。這起案件造成四名無辜者被逮捕。2012 年 6 月底，警方逮捕了第一個嫌犯：19 歲的明治大學學生，逮捕的理由是嫌犯在橫濱市政府的網站上發布死亡恐嚇信。

7 月，真正的駭客又在大阪市政府網站貼出同樣的內容：

> 我要進行大屠殺。我將跑進人群，隨意刺殺路人，然後自殺。

恐嚇信發布後，日本動漫導演北村真咲遭到指控並逮捕，但本人聲稱自己無罪。9 月底，東京、大阪、三重和福岡警局又以「防礙公務」為由逮捕了兩名嫌犯。

經過七個月的調查，警方終於在 2013 年 2 月查出嫌犯的身分。東京警視廳聯合其他城市執法單

比特幣大騙局

位逮捕了一名 30 多歲的電腦工程師片山祐輔。據稱他在 2012 年 8 月時曾在電視頻道的網站首頁張貼恐嚇訊息。內容寫道他將在東京的一個漫畫展上發動大規模屠殺。此舉造成群眾恐慌，主辦單位也因此取消活動。片山應該是駭入某一臺電腦發布這則訊息的。此外，他至少還犯下另外三起類似的案件。他的律師表示，當事人否認所有的指控，直到 FBI 提交了關鍵證據，顯示片山透過美國伺服器犯下這些罪行。警方在逮捕了四名無辜的嫌犯後，才終於謹慎行事。

片山的案例成為近年來日本最離奇的案件之一。矛盾的是，這起案件雖然曝露了司法系統的缺陷，卻也證明了他們在處理網路犯罪時的效率。多虧警方鍥而不捨的辦案，才能把這名利用各種陷阱、嘲弄手法、假線索和謎題玩弄警方的駭客揪出來。警方表示，他藏在某座小島上一隻貓的項圈裡的謎題，是這塊拼圖的最後一片。

細節如下：警方的調查在 2012 年 10 月發生變化，當時，聲稱自己是主謀的嫌犯寄出電子郵件給在東京執業的律師落合洋司、東京放送株式會社和其他媒體。這些電子郵件一律署名「鬼殺」。該名稱也是日本的清酒品牌，最低階盒裝清酒一盒 100 日圓，很受警察歡迎。

鬼殺發出的郵件中包含了只有嫌犯才知道的細節，例如他如何透過遠端系統在網站首頁安裝名為 iesys.exe 的木馬程式，再加以控制並發布恐嚇訊息。

在寄給律師的郵件中，鬼殺表示，儘管當前的他覺得玩得很開心，但「他的目標不是把無辜者送進監獄，而是把警察和檢察官推進自己設的陷阱裡，把他們可恥的辦案方式公諸於世」。他已準備好在適當的時間站出來認罪，避免波及無辜。而他選擇把信寄給落合洋司的原因，是在電視上看到他，覺得他似乎「在狀況內」。

10 月出現的新證據把這起案件變成了鬼殺和警

比特幣大騙局

察間的一場貓捉老鼠的遊戲。郵件公開後，警方被迫重新展開調查。同月 18 日，日本警察廳（National Police Agency）廳長片桐裕承認前面幾次誤捕。隔天，警方成立聯合調查小組。那四位無辜的嫌犯也洗刷了罪名，恢復自由之身。12 月 12 日，日本警察廳懸賞 300 萬日圓，獎勵提供線索逮捕真兇的人。

據警方的線報指出，網路犯罪小組知道發出恐嚇信的電腦 IP 位址，卻沒有人進一步檢查這些電腦是否被安裝了惡意軟體，成為「僵屍電腦」。

鬼殺明白警方沒有偵辦網路犯罪的能力，便藉由媒體發布或直接去信嘲諷：「感謝你們陪我玩。」

這則故事中，對日本警方來說最尷尬且難以撇清的莫過於逼供無辜的人。這些人願意自白的原因至今未明，但正如你們已知道的，99% 的嫌犯最後都會被定罪。

警方的確在調查開始時就犯下了致命錯誤，但駭客也下錯了幾步棋。警方在 2012 年 11 月後發

現嫌犯寄出的電子郵件之一是從美國的伺服器轉入的，於是立刻商請 FBI 協助。根據日媒報導，為求效率，日本警方曾在 11 月 12 日派出專員至美國交換資訊。

據可靠消息指出，FBI 在一架美國伺服器上發現病毒的複本，內含的加密資訊得以追溯至發出恐嚇信的電腦。然而，聰明如鬼殺既能把罪名推到其他人身上，這條線索基本上便無用武之地。

鬼殺得知日方派出警員至美國時，開始露出緊張的情緒，試圖掩蓋自己的行蹤。2012 年 11 月 13 日，他又寄出一封信給律師：

這件事拖了好久。如今我犯了一個錯誤，看來這一回合結束了。被抓到的話，我會很不開心，所以我決定立刻上吊自殺。

隨信附上的一張以電腦電線上吊的女巫圖片引

起了警方和媒體的注意。各家小報紛紛猜測他是否真的自殺了。

然而，他的死亡沒有持續太久。

2013 年 1 月 1 日，他給各家媒體寄出賀卡，鼓勵所有人努力追獨家。1 月 5 日，他又發布一個「春天結束前要解決的謎題」。謎底藏在一隻位於觀光勝地江之島的貓身上。貓的項圈裡有一張 micro SD 記憶卡，卡裡儲存了關於這一切行動和他的動機的線索。

警方在訊息發出的當天就找到了那隻貓。記憶卡裡存了病毒的原始碼，且隱藏了一則訊息：「我曾因為一個自己沒有犯下的罪而被起訴，為此，我不得不徹底改變我的生活。」當天一架監視器拍到了一個貌似片山的男子在貓附近逗留，還有其他影像上也有他的摩托車。這些元素加起來便足以對他發出逮捕令。一名調查人員後來透露：「根據過去的電子郵件記錄，我們相信正在找的嫌犯曾經犯下

類似的罪行。片山自 1 月起就已記錄在案。」

　　警方搜索了他的住所，尋找他在 1 月 5 日發出郵件的證據。他們一共查獲十臺電腦，逐一分析檢查後，發現其中幾臺安裝了 Tor 軟體。

　　警方認為，片山使用了這些家用電腦遠端控制其他電腦寄出恐嚇信。如果片山就是鬼殺本人，他的動機很明顯，就是復仇。根據《每日新聞》的報導，片山在 2005 年就曾以同樣的罪名被捕。據稱他是在看到一些貓的「侮辱性圖片」後發出恐嚇信的，而他對當時的判決也十分不滿。

　　片山是愛貓人士，也是東京貓咪咖啡館的常客。這正好可以解釋江之島的貓。

　　儘管如此，至今仍沒有人可以確認警方是否抓對了人。鬼殺當時選上的律師落合洋司告訴記者：「幫不上任何忙讓我覺得很不舒服。他是真正的嫌犯嗎？會不會又出錯了？我希望警方會遵循正常的司法程序。逮捕一人不代表伸張了正義。警方過去

的做法已經證實了這一點。」

這些話的確值得深思。但日本檢察官似乎不太信奉這套道理，他們只管能輕鬆勝訴的案件，如果沒有把握，絕不會提交到法庭。這就是警方和檢察官會不惜一切代價取得自白的原因了，而最好的逼供方法就是把嫌犯關起來。

警察三度拘留馬克，就是期待他會被關到開口。他們甚至還想著要再逮捕一次，最終被司法部的官員阻止了，認為以同樣的罪名一再羈押是對制度的濫用。因此，檢察官又找了新的罪名指控馬克。在檢察官與辯護方多次來回交手後，法官終於耐不住性子對檢察官說：「你們不能把亂槍打鳥的做法用在司法系統，給我認真一點。」

因此他們暫時放過了馬克，但這並不代表他能馬上出獄……甚至可能還得再等上好長一段時間。

Chapter 10

真相大白

1110
01

00100   10100
00100   10010
01110   11010

01110111011100101110 0
10010101100001101001011
00110111010001101001 0111
11010010111100101110000101
100110000   1001001111
100110010   1001000101
000011001   100000011
0111110000111001011111 0
00111111011101001011
0011101101011010001011
11001000001111000101100
100001000   000100110 0
010010000   100011010
000111011   010101100 1
100111011   00101011100
101001110100011011110110 11
11000100110000100000 01110
00010010111001111001001
00001010011011101 00

01101   11001
01110   11101

01
11
101

　　馬克在 2016 年 7 月 14 日，也就是被捕後一年左右獲釋。當時的他已成行屍走肉，看得出這段日子的煎熬。牢飯難吃、壓力如山。有個曾在原宿看守所待過 21 天的人描述：「拘留所飲食＝減肥保證。」

　　馬克變得蒼白消瘦，整個人瑟瑟發抖，比以前憔悴許多。套在身上的東京喰種*文字 T 恤讓他看起來更瘦弱，活像借穿父親衣服的青少年。娜塔莉和我帶他到我們在下北澤最愛的咖啡店享用咖啡和肉桂捲。以前的馬克肯定是秒殺肉桂捲，但我們眼前的他把叉子叉入麵包，似乎沒有食慾。然而，在看到奶油麵包上厚厚的一層美味糖霜後，他的胃口似乎又回來了。我們問他接下來的計畫。

　　「我想知道是誰偷了那些比特幣，是怎麼辦到的。我想洗刷罪名。」

　　幸虧馬克在監獄裡時，金・尼爾森、娜塔莉和我始終鍥而不捨努力追查。金負責在區塊鏈施展他

比特幣大騙局

魔法般的技能，娜塔莉和我則循著比特幣的線索不斷抽絲剝繭，同時和馬克及他的律師保持聯繫。

2016 年春天，馬克告訴我們，在他被捕前，FBI 曾試圖與他接觸。我覺得這件事不太單純。我也曾和一位聯邦探員稍微聊過 Mt. Gox 一案，當時我還一頭霧水，現在想來的確值得深思。在取得馬克同意後，娜塔莉到他的辦公室找出所有探員的名片，結果收獲不少。

我們把名片攤開，排出了一個耐人玩味的陣容。裡面有來自 FBI 的大使館助理法務專員（Assistant Legal Attaché）約翰 · R · 戴維森（John R. Davidson），我認識他，他是個好人，但口風很

---

* Tokyo Ghoul，黑暗奇幻漫畫，是日本漫畫家石田翠的代表作。

緊。還有凱薩琳·R·豪恩（Kathryn R. Haun），來自美國司法部舊金山聯邦檢察官辦公室。其他還有日本警察廳高科技犯罪技術科的 Yuki Tsuchiya；國際調查行動部（國際刑警組織東京支局）警部（Chief Inspector），同時也隸屬警察廳的 Katsuhiko Inoue；一位國稅局調查員。最後，還有 2015 年 8 月 1 日上門逮捕馬克的那位警官的名片。

看不出所以然。

一開始，我們以為這些人和絲路的調查有關，但事實並非如此。我搜尋了凱瑟琳·R·豪恩的資料後，發現她是負責卡爾·福斯和肖恩·布里吉斯案件的人之一，而且扮演了重要角色。而國稅局的調查員又把我們帶往另一個方向。我們也試著聯繫人稱「區塊鏈魔術師」的提格蘭·甘巴揚，他對福斯和布里吉斯審判的陳述精采萬分，本書的部分內容就是來自他出眾的解釋。我們很快就被提格蘭圈粉了，相信我，這世上沒有多少國稅局的官員在網

比特幣大騙局

路上有粉絲，這個人完全是個天才調查員。

　　馬克不太明白這些人找他做什麼，也不確定為什麼所有人都要找他聊天。而金‧尼爾森那裡似乎對駭客身分有些想法了。我們和他談起這件事時，他顯得顧左右而言他，語氣也變得不一樣。在他眼裡，馬克似乎已不再是嫌犯。這點改變不太顯著，但察言觀色就是我的工作。我們定時會和他喝杯咖啡，但光是這麼做對我們的調查沒什麼幫助，他知道的事肯定比我們多。

　　在日本當記者的時間夠久，就會知道一疊名片意味著好的開始。甚至可以說是非常好的開始。在追了幾條線索後（其中一條我還得親自跑一趟紐約），我確認了一件事：美國當局在調查一件和絲路及貪汙的 FBI 探員無關的案件。他們在找的是一個以比特幣為目標的盜賊，或是國際犯罪集團。我認為，他們找上馬克有兩個可能的原因：

1. 他們認為嫌犯曾利用 Mt. Gox 洗錢，取得內部記錄將有助於查出其身分。
2. 馬克能幫助他們破案，而且 Mt. Gox 也曾是受害者。

　　如果第二個可能性是正確的，那麼馬克就是無辜的。當時的我和娜塔莉都不認為事情有這麼簡單。娜塔莉仍然到處打聽，最後得知美國將派人到日本調查，希望日方能和美國警方合作。我們有如深陷五里霧中。他們甚至提到一個叫 WME 的東西。

　　這是什麼字的縮寫嗎？一個代號？我一點概念也沒有。

　　於是我們設法與一名前來會見日本警方的美國人見面。我們提出請求，但心裡卻抱著浪費時間的心態。沒想到對方竟然同意見面，甚至表示想聽聽我們的意見。他只開出一個條件：「這是私下會面，所有正式的事務都必須通過我們在華盛頓的那位和

大使同意才行。」

這可是千載難逢的機會。

一般來說，聯邦調查專員不喜歡和記者合作，也不太交換資訊。幾年前，我在調查一樁 FBI 和日本黑道大哥交易的案件時，整個辦公室內沒有人願意與我交談。為了確認消息，我幾乎不擇手段，使出速戰速決、虛張聲勢、死纏爛打等招式，甚至必須情緒勒索，喚醒他們的正義感。

反觀今日，竟有一位調查國際案件的探員願意和我們會面及對話。雖說會面過程必須保密，但至少他願意見面，姑且就稱他為「探員甲」吧。

自從娜塔莉和我開始調查比特幣的事後，我就覺得我們兩個有點像《X 檔案》(*The X-Files*) 裡的史卡利 (Dana Scully) 和穆德 (Fox Mulder)，只不過角色對調了。影集裡的她相信科學證據，他則幻想著外星生物。

我們兩個之中，娜塔莉更像穆德，相信這個

案子另有蹊蹺，答案在他方，也認為比特幣是強大且可行的貨幣，而且馬克是無辜的。至於我，我抱持懷疑論，認為比特幣扭曲了金融市場，是個完全瘋狂的想法，真相顯而易見：馬克丟了比特幣，或者有人從他手裡偷了。至今地表上沒有出現其他嫌犯，他是唯一可以負起責任的人。

在和探員甲會面的前一天，我和娜塔莉約在有樂町車站旁的 Krispy Kreme Doughnuts 見面。我的兒子小雷正好來跟我一起過暑假，所以我帶上了他。他知道比特幣是什麼，所以我想他應該不會覺得無聊。我們喝著咖啡，配上撒了抹茶粉的甜甜圈，一邊討論隔天要從什麼觀點切入，並回顧了我們目前已知的一切。

隔天，對方姍姍來遲。我們提議到居酒屋喝一杯，順便點一些烤雞肉串。探員甲同意了。居酒屋裡正好還有舖著榻榻米的安靜包廂，我們因此得以

在矮桌旁坐下。這個夏夜，娜塔莉、探員甲和我高談闊論，從比特幣、卡爾·福斯談到 Mt. Gox 和馬克，把酒盡歡。

那個夜晚有點漫長。娜塔莉扮演了完美的日本女主人，為我們斟酒，提出開放性的問題，引導對方深入回答。她比我更有魅力，而且更瞭解比特幣。

聊到半夜，我突然驚覺，原來 FBI、國稅局、美國司法部、美國國土安全局，這些人都在找犯下 Mt. Gox 竊案的嫌犯。探員甲在談話中也提及 Bitcoinica，這個關鍵字讓我豎起了耳朵。罪魁禍首（可能是單人作案，或是一個犯罪集團）瞄準的目標不只是 Mt. Gox，還包括 Bitcoinica 和其他交易平臺。

我全身的細胞都興奮了起來，但又不想表現出完全不瞭解情況的模樣，最後只淡淡地問了一句：

「如果卡佩雷斯的案子要在美國受審，你們要用什麼罪名逮捕他？」

「其實沒有什麼理由。也許是背信罪吧。但他沒有犯罪，頂多是個糟糕的主管而已。他早就應該發現比特幣丟失了。他是這起案件裡的冤大頭，不是那個壞蛋。」

我差點把吞入喉的清酒吐出來。

「那些比特幣是什麼時候消失的？」

「我猜是 2011 年。 Mt. Gox 第一次被駭客攻擊的時候，後來他們逐步抽走了更多，直到 2013 年中。但我不是很確定。這就是我來日本的原因，我需要 Mt. Gox 的內部數據才能判斷。」

「為什麼不請日本警察幫忙？」

「我問過了。他們拒絕合作，所以我才想和你們碰個面。說實話，你們瞭解日本警察嗎？為什麼我在這裡四處碰壁？」

一開始，我試著為日本警察粉飾：也許他們沒有辦法取得資料庫，也許他們想建立一條完整的證據鏈。但最後，我還是說出了心裡真正的想法。

「他們不配合，是因為不想要你們抓到那名駭入 Mt. Gox 的嫌犯。因為這麼一來，他們就會被當作笑話。對他們來說，一點都沒有好處。日本有句話說『有百害而無一利』。」

　　「荒謬至極。」

　　「我同意。」

　　「他們在想什麼？想要證明什麼？」

　　「檢察官不想認輸，警察不想丟臉。儘管他們找不到任何把他關到天荒地老的證據起訴他，儘管那些加在他身上的罪名和消失的比特幣一點關係也沒有，他們就是不想冒任何風險。如果他們協助你辦案，那他們至今為止的調查就白費了。」

　　「什麼意思？」

　　於是我把前面提到的關於日本司法制度的問題告訴他。直到他點頭。

　　「所以，你現在的意思是，如果我們證明了馬克・卡佩雷斯不是造成 Mt. Gox 破產以及偷走 65 萬

枚比特幣的嫌犯，那麼，至今為止他們對他進行調查的理由（raison d'être）就不存在了？」

「沒錯。我不是很確定你說的 raison d'être 是什麼意思，我一句法文都不會。但是，如果駭入 Mt. Gox 的是另一個人，為什麼馬克現在還被關在裡面？警察為什麼還抓不到罪魁禍首？因為這麼一來，他們看起來就會跟追查片山和貓的那個案件時一樣蠢。」

「哇！」

我們到外頭抽了根菸。回來後，娜塔莉便直接切入正題。

「所以，如果你們拿到 Mt. Gox 的資料庫，就可以證明馬克沒有監守自盜？」

探員甲有點猶豫。

「不確定。我不能斷定是不是所有遺失的比特幣都是被偷走的。如果不是全數，應該也有很大一部分是被我們正在調查的這個對象偷走了。如果我

們能拿到內部資料，就能查到他（們）的身分，然
後追蹤他（們）的去處。」

「他？」

「那個犯罪個體。」

「一個人？」

「一個個體。」

我點了點頭，心裡冒出了一個想法。

「如果我們能為你取得資料庫，你能承諾公開
且清楚地聲明攻擊 Mt. Gox 的駭客也攻擊了其他平
臺嗎？」

探員甲把頭埋進手裡，摩了又摩，然後深吸了
一口氣。我們等著他回答。

「如果你們能拿到資料庫，完整的資料庫，而
且我們也抓到嫌犯，那麼沒問題，我會盡力把事情
的真相說清楚。」

「我說的『清楚』，指的是召開記者會。」

探員甲嘆了口氣。

「知道了。希望你們遵守我們的協議。」

我覺得時機對了，便趁熱打鐵。

「那麼，我們能不能提前 24 小時獲知逮捕的消息，或者記者會時給我們一些特權？」

他立刻回絕。

「別想了。我們不可能提早通知逮捕的消息，不過可以事後告訴你，如果真的逮捕了的話。但也可能不會發生。」

我們達成共識。

這一類的交易通常建立在信任之上——即互信互利。而我們之間的交易其實必須仰賴馬克願意給我們資料庫。如果他手上有資料庫的話。正當我們都滿意地站起身時，我又想到另一個問題。

Mt. Gox 的交易數據是以兆位元組計算的，遠遠超過網路可以傳輸的訊息量。換句話說，如果我在 48 小時內不能把資料交給探員甲，就得親自拿著硬碟到美國去給他了。

比特幣大騙局

當天夜裡，娜塔莉和我互傳訊息，聊了很多關於這次會面的內容。這次見面是她安排的，沒有她，這一切都不會發生。我們也會一直毫無頭緒。

同時，我也明白了他和我們見面的目的。他們需要我們的協助。

我寫了一則訊息給娜塔莉：

很高興能和他見面，謝謝妳。也得好好感謝探員甲。我們得到了重要資訊。我認為馬克是個不受控制的人，但絕不是罪犯。我相信馬克說的都是實話。我得去睡了。明天再打電話給妳。

這次會面是到目前為止最有意義的一次。

她回我訊息：

知道了。好的，我也不想耍小聰明。我會寫給探員甲。

我們仍然不知 WME 是什麼意思。美國那裡也沒有想法。他們認為是保加利亞語，應該跟交易平臺 BTC-e＊有關，該平臺是在 Mt. Gox 首次遭駭客入侵的時候開站的。

馬克答應提供我們資料。他保留了一份副本，鎖在加密的資料夾裡。他把打開檔案的方法告訴我。

約莫一個月後，我帶著裝了所有資料的硬碟飛到加州。其實大可郵寄，但我認為風險過高。

安排這次會面並不容易。我必須遵守很多規則跟證物監管程序，討論細節的過程中，我的電子郵件愈拉愈長。最後，當我真的準備好要出發到美國與一名探員會面時，郵件的副本收件人已經包含了美國移民及海關執法局（ICE）、司法部、國稅局、FBI、地方檢察官、特勤局和其他單位。

我在聯邦大樓附近的一家昏暗酒吧裡把硬碟交了出去。回日本前，我給自己放了幾天假。事後，我又陸續收到幾封郵件，那之後便無消無息。後來

才有人聯絡我，表示資料庫派上了用場。

　　回到日本後，娜塔莉和我又持續搜集了一些資訊，最後終於確認 WME 的身分。WME 似乎是個俄羅斯人。事實上，我們本來寫了一篇長達 110 頁的文章交待這起事件，而且打算在 2017 年夏天發表。我們就 WME 的國籍做了許多討論，不確定是否能在文章中明指。我傾向寫出俄羅斯，但那可能過於直白。娜塔莉建議寫「來自歐亞（Eurasian）」，但這個詞又太廣泛。最後我提出：「一名來自前蘇聯的駭客。」這麼總說沒錯吧，俄羅斯曾是蘇聯的一部分。然而，這一切在我收到一通保密電話和一條司法部即將召開記者會的新聞連結時，瞬間成了空談。WME 被逮捕了。

＊2011 年創立，該平臺允許用戶只以使用者名稱、密碼、電子郵件帳號就能進行交易，不強制查驗個人身分資料。

我們快馬加鞭為《野獸日報》寫了一篇報導，
那是幾個月來搜集的資料做出的成果。

以下為報導內容，我們把至今所有已知的資訊
都濃縮進去了：

全球最臭名昭彰的億萬比特幣洗錢犯終於落網？

一名被稱為 WME 的俄羅斯人，和世界各地的
電腦駭客、勒索軟體、身分盜用、退稅詐欺、
貪汙政客以及毒品走私涉有重嫌。

日前美國國土安全部、美國國稅局刑事調查科
和其他聯邦機構在希臘警方的合力協助下，逮捕了
一名洗錢集團首腦，該男子涉嫌以比特幣洗掉 40
億美元黑錢。

據稱，這名男子亦參與了 Mt. Gox 交易平臺的
洗劫案。該平臺在 2014 年 2 月宣告破產前，曾是

全球最大的比特幣交易所。平臺執行長馬克·卡佩雷斯目前正因挪用公款和其他指控在日本受審。

美國司法部已鎖定 38 歲的俄羅斯公民亞歷山大·維尼克（Alexander Vinnik）為主嫌。在美國發出通緝令後，該名男子在希臘被補，警方同時也扣押了大批電子設備。

警方表示，維尼克涉嫌經營「世界上最大的網路犯罪網站之一」。

維尼克被控 2011 年來利用比特幣洗了數十億美元的黑錢。這種虛擬貨幣由身分神祕的中本聰創造，是一種難以追蹤的貨幣。近幾個月來，一枚比特幣的價值已達 3000 美元。

由於匿名交易的特性，比特幣成為世上最大型地下網路市場「絲路」的通行貨幣。人們可以在該網站上自由交易毒品、槍枝和其他違禁品。參與調查絲路的美國探員也因為在辦案期間偷竊比特幣被捕，其中一人因瀆職被判處 6 年徒刑。

美國政府消息人士告訴《野獸日報》，用來洗錢的網站和平臺的全部細節尚未公開，洗錢活動和俄羅斯跨境支付平臺 WebMoney 之間是否有關聯也有待釐清。

維尼克在美國被通緝，可能會被引渡到美國以面對指控和隨後的審判。據稱，他是解密過去幾年發生的多起比特幣交易所駭客事件的關鍵人物。

美國執法部門始終認為維尼克就是 WME 本尊。這位幾乎成為傳奇的人物是聯邦探員口中「用比特幣洗錢的凱撒・索澤（Keyser Söze）」，也就是 1995 年電影《刺激驚爆點》（*The Usual Suspects*）裡的神祕犯罪天才。另外，從 Bitcoinica 和 Bitfloor 等交易平臺竊取的比特幣遭到拋售變現，據說也和 WME 脫不了干係。傳聞指稱他以 WME 的名義在網路論壇和暗網上抱怨自己帳戶中的比特幣被沒收，所以要出售「打折的比特幣」。

警方消息來源也證實，維尼克是造成 Mt. Gox

損失 65 萬枚比特幣的關鍵人物；Mt. Gox 在 2012
年至 2014 年間，是全球最大型的比特幣交易所。

馬克大抵恢復了清白之身。經過多年的調查，
謎團終於解開了。維尼克被補後不久，金・尼爾森
便來對我們說明他在查案過程中扮演的角色。

所有人都以為比特幣的交易是匿名的，但金
和提格蘭・甘巴揚證明大家都錯了。區塊鏈，即比
特幣的公共帳本，由全世界成千上萬臺電腦共同維
護。每一筆交易都是公開的，只是看不到交易者的
身分而已。然而，由於大多數的交易都是經由交易
平臺如 Mt. Gox 或 Bitcoinica 完成，因此無論是個
人或是其他個體的身分都是可以追蹤的，甚至可以
查到個別比特幣的流向。

區塊鏈是個具革命性的新概念，但 Mt. Gox 的
經營模式卻和傳統金融機構一樣，存取網路帳戶的

財產和連結買賣雙方。這就是問題所在。

　　據稱，維尼克在 2011 年時滲入 Mt. Gox 的網路帳戶，定期竊取比特幣。截至 2013 年為止，一共竊取了 63 萬枚。這段期間，馬克只管錢是否入帳，根本沒有核對帳目，因此看不到數量減少（Mt. Gox 內部發生問題而遭駭客攻擊時，應該有 2 萬枚比特幣失竊）。

　　金・尼爾森寫了一個能夠查詢比特幣的程式，在馬克的協助下，追蹤到比特幣在一個代號 WME 的人手裡，而這個代號的持有者來自可疑的網站 BTC-e。他也查看了流入該平臺的比特幣，發現其他被盜走的比特幣也都是經由 WME 之手。

　　2015 年 4 月，他在部落格公開這些發現，但沒有詳細說明，只表示他認為馬克不是嫌犯。

　　後來一名重要人士閱讀了這篇部落格文章。你們也許還記得那位找出絲路創辦人是烏布利希的國稅局探員蓋瑞・阿爾弗德。就是他聯繫了金・尼爾

比特幣大騙局

森，請求對方協助辦案。

在網路上追查多時的尼爾森，最終在 2016 年夏天確認了亞歷山大·維尼克就是 WME。我們也是在這個夏天和探員甲在居酒屋裡把酒同歡。

尼爾森把這個名字交給了阿爾弗德，接下來的故事上面都交待過了。

時至今日，調查仍未停止。負責維尼克案件的提格蘭·甘巴揚在偵查初期曾公開表示：「沒有人知道 BTC-e 背後藏著什麼祕密。」但該平臺接受來自所有人的錢，包括盜來的比特幣。

由於俄羅斯幾乎不接受其他國家引渡罪犯，因此美國方面只能等待維尼克出國渡假時才能將他逮捕。7 月 25 日，臥底探員在希臘海灘上逮捕了他，當時他正在一間修道院的陰影下乘涼。警方也從他身上扣押了兩臺平板電腦、兩臺筆記型電腦、五支手機和一臺路由器。

他被控在美國、俄羅斯甚至法國，從事駭客攻

擊、網路詐騙、洗錢等活動。

　　儘管身為第一個「比特幣私家偵探」，尼爾森卻從未獲得酬勞，也從未取回在 Mt. Gox 遺失的 12 枚比特幣。

　　「這件事最諷刺的是，維尼克之所以被捕，得歸功於馬克建的那套防制比特幣洗錢的安全機制。維尼克偷走的比特幣裡就有一些因為這個機制被查收。維尼克曾為此在網路上大發雷霆，並愚蠢地留下了本名。他就是這樣被抓到小辮子的。」尼爾森解釋。

　　也許我們應該把最後這一段話留給馬克。他曾說過，他「看到了一些別人從沒機會見到的事」。他想說的是，抓到真兇的機會少之又少。至少現在，我們都明白這是怎麼一回事了。

　　馬克在知道維尼克被捕的消息後，發表了一些感言：

看到調查這起案件所付出的心血，以及走到這一步需要的力氣，我必須坦承，Mt. Gox 根本沒有機會發現這些問題，特別是考慮到當時的我們同時在多條戰線上戰鬥，從客戶投訴、每日都可見的駭客到其他問題都需要處理。我第一次被捕時，警方還堅信 Mt. Gox 是監守自盜，只有少數幾個人懷疑我們遭駭客入侵，而我入獄也被視為 Mt. Gox 傳奇的結局。

　　然而，我們也走到這一步了。說實話，這是自從我在 2014 年站在攝影鏡頭前宣布 Mt. Gox 倒閉以來，一直在等待的時刻。（維尼克）偷走了 63 萬枚比特幣，根據 WizSec（和尼爾森）的說法，他從其他人那裡盜取的比特幣更多。

　　正義終將得到伸張。

正義終將得到伸張……若能就此為這本書劃下句點，該有多麼完美。不幸的是，這個世界上的正義並沒有那麼容易尋得。即使是用一大把比特幣也換不來。

比特幣大騙局

Chapter 11

後記

```
    00100        10100
    00100        10010
    01110        11010
01110111011100101 1100
100101011000011010 01011
0011011101000110100 10111
11010010111100101110 00101
    100110000        1001001111
    100110010        1001000101
    000011001        100000011
    011111000011100101111 10
    001111110111010 01011
    001110110101101000 1011
    11001000001111000101100
    100001000        0001001100
    010010000        100011010
    000111011        0101011001
    100111011        00101011100
101001110100011011110 11011
110001001100001000000 1110
0001001011100111100 1001
000001010011011101 00
    01101        11001
    01110        11101
```

　　我在 2018 年 12 月 25 日聖誕節晚上完成這份書稿。這時世界上有 1700 萬枚比特幣流通，代表還剩下 400 萬枚可以挖，而一枚比特幣的價值為 3818.85 美元。日本經濟學家野口幸雄和其他經濟學家認為，因為現在可以用比特幣期貨*進行交易，所以再也不會看到價格快速飆升，也就是說可能再也回不去 2 萬美元的峰值*。

　　檢察官於本月開庭時，起訴馬克‧卡佩雷斯挪用 3 億 4000 萬日圓（約 300 萬美元），他面臨最高十年的有期徒刑。這項指控和消失的比特幣毫無關聯，那筆錢是 Mt. Gox 用來投資 Shade 3D 的資金，卻被指為挪用公款。正如你們已知的，在日本一旦被起訴，99% 會被定罪。如果馬克被判無罪，檢察官還可以再上訴兩次。他們輸不起。只能說幸運之神並未眷顧馬克。

　　2018 年 1 月，另一個交易平臺 coincheck 遭駭，

價值超過 5 億美元的各種虛擬貨幣被盜轉，其中也包含比特幣。此案至今沒有抓到任何嫌犯。當局允許日籍執行長辭職，他從未遭到逮捕。該公司也在新執行長的管理下持續營業。

希臘最高法院於 12 月下令將維尼克引渡到法國。歐盟逮捕令（European Arrest Warrant）指控他在 2016 至 2017 年間曾在法國六座城市詐騙了 100 多人，因此，他應該會在法國受審。這就是所謂的現世報吧，我想這個聖誕節對他來說應該不好過。

有些人仍然相信聖誕老人的存在，但美國總統川普似乎不這麼想，他好像對一個孩子說過：「你還相信聖誕老人嗎？都七歲了你還信這個？」

---

*購買加密貨幣期貨合約，並不代表擁有標的加密貨幣。期貨合約可以讓投資人預測加密貨幣的波動，猜測未來價格。

* 2017 年 12 月 10 日，芝加哥期權交易所推出比特幣期貨交易，比特幣當天價格應聲暴跌 3000 美元，隨後又上升到新高度，在 2 萬美元關口徘徊好幾天，價格一直上下波動，每天漲跌幅度達數千美元。1 月 6 日，比特幣又突然暴跌。

沒有人問川普是否相信中本聰真的存在，不過我們是相信的，或者說他至少曾經存在過。這個謎題至今無人能解。

　　有件事情我們是知道的。多利安·中本聰在2014 年被誤認為比特幣的創始人時，曾收到來自不同使用者一共 67 枚的比特幣捐款。這起捐贈活動由安德烈·安東諾普洛斯（Andreas Antonopoulos）發起，他是提倡比特幣的專家，但和比特幣耶穌沒有任何關係。當時他寫了這段話：

　　我不知道這個人是不是就是我們的中本聰，雖然看起來應該不可能。無論如何，都無礙我們捐款。如果他真的是中本聰，這筆錢就是我們對他的微薄心意，感謝他做的一切。對他來說不會有太大的差別。然而，如果他不是我們在找的那個人，這筆錢就是我們對他的道歉，為一個不負責任的記者造成的損害致歉，同時也展現這個社群的溫情。我

知道這個社群很大。

身為記者的我，只能為這一舉措拍手致意。雖然我是個懷疑論者，但比特幣的社群證明了他們的慷慨與理想，有時，我也覺得很振奮人心。我在寫這本書時買了兩枚比特幣，並在價格上漲到 1 萬美元時賣出。我應該可以賺更多的，但這並非我的初衷。

多利安・中本聰就聰明多了。如果 Bicoin News 的消息屬實，他在 2017 年 12 月兌現了大部分的比特幣，一共換了 27 萬 3000 美元，寫下了美好的結局。

娜塔莉－鄉子・斯塔基如今是個單身母親，正努力為她的女兒麗莎（Lisa）儲存比特幣。她對虛擬貨幣的信念始終不變。

另一方面，馬克最近也在資訊業找到了新工作，據說他最近提出「比特幣已死」的說法。他還

在等待法庭的審判。Mt. Gox 的法定代理人把馬克在 2014 年 2 月 7 日公司破產後找到的那 20 萬枚比特幣轉賣，得到一筆足夠的資金得以償還所有受害者。該程序至今仍未結案*。

至於中本聰本人，就我對他的瞭解，他不是個愛渡假的人。不過他確實展現了聖誕節的共享精神。

當然了，這種想法也取決於你如何看待比特幣，你認為它是一種祝福還是一種詛咒？

我還沒有定論。不過，如果你想施捨一些比特幣給我，我是絕不會阻止你的。

以下是我的比特幣錢包位址：

BTC Wallet Address

3CGTkscADbUkYTBpuqb2ZbL6NM9ZIpPys7

＊2021 年 10 月 21 日的債權人會議，有 99% 債權人投票通過以
「90% 比特幣持有數」為基礎賠償（即用戶如果在 2014 年於
Mt.Gox 持有一枚比特幣且被盜，Mt.Gox 現在將賠償 0.9 枚。）
此方案已獲得東京地方法院批准。

感謝的時刻總算到來，該是時候向所有讓這本書得以問世的人表達謝意了。這些人裡，最重要的無非是娜塔莉‧斯塔基（也就是三浦鄉子）。我把她的日文名字巧妙地放在日文版封面上，就在我的禪宗戒名和洲良舒一旁。若不是她做了那麼多的準備工作，這本書根本不會有出版的一天。她值得成為這本書的共同作者。娜塔莉本來就忙於照顧美麗的小女兒麗莎，還為法國公司尋找適合引進的動畫和漫畫。相較於小麗莎，我的孩子都已是青少年，不必占據我那麼多的心力。近幾年她以比特幣為主題寫的文章比我多得多。這本書的作者欄之所以掛了我的名字，都是因為我正好

有時間重新整理、修訂並更新先前我們一起完成的工作。希望這本書能帶領讀者認識比特幣、犯罪、企業家和圍繞在它四周的信徒，同時也為世人解開這個 5 億美元的謎題。

特別感謝朱麗安‧基雅特（Julianne Chiaet）校閱這本書的英文版，她也是我的上一本書《日本最後一名黑道》的校閱者——那本書的第一個版本是法文。也要感謝蘿倫‧哈迪（Lauren Hardie）校訂我們最早在《野獸日報》上刊登的幾篇文章，以及這本書中與絲路相關的章節。還有我最好的記者朋友 Mari Yamamoto 為我分擔這本書的工作。沒有她的協助，我不敢肯定自己能否完成這本書。非常感謝《野獸日報》外文編輯克里斯多福‧迪基的支持，還有約翰‧艾弗隆、凱蒂‧貝克（Katie Baker）和諾亞‧沙克曼（Noah Shachtman）。此外，也要感謝無私與我分享情報的調查專員和警察。感謝馬克‧卡佩雷斯與他的律師緒方延泰耐心回覆我無數個問

謝辭

題。感謝金‧尼爾森的協助。我也要向比特幣耶穌羅傑‧維爾表達謝意，感謝他回答我的問題，還送了我一枚比特幣，甚至還曾給娜塔莉一份差事。

當然也要感謝出版商 Marchialy 的成員。包括不厭其煩逐字確認內文，讓行文更為流暢的編輯克萊蒙絲‧畢洛（Clémence Billaul），很開心能與她共事。她總是能在所有人踩在「死線」上瀕臨崩潰邊緣時保持耐心。她的見解一針見血，能聽取她的意見是我的榮幸。吉雍‧紀帕（Guillaume Guilpart）的日文版封面永遠令人耳目一新，我也很高興能選擇自己要的漢字。也要感謝我的法文譯者席瑞爾‧蓋伊（Cyril Gay），對我而言，他不只是個譯者，也是個作家和我在法國的繆思。翻譯就像煉金術。經常有人跟我說，他筆下的書就像是直接以法文寫成的，由此可見他的功力。他對文學的品味也很好（對帽子的品味就別提了，沒有人是完美的）。

我也想感謝你們，我的讀者，感謝你們購買或借閱這本書。如果你們期待的是一本關於日本黑道的續集，希望你們沒有太失望。事實上，比特幣社群裡的確也有日本黑道的蹤影，六代目山口組弘道會便是其中一個，這個故事我下回再跟各位分享。

希望你們都從這本書裡得到了知識與快樂。若真如此，我就可以幸福地過我的 50 歲生日。

最後，我要感謝中本聰，無論他在何方。我這一生只買過兩枚比特幣，卻因此賺進了 1 萬美元，為女兒存下了大學基金。感謝您！

謝群

後續發展
2020年1月31日

我曾想過重寫後記，仔細一想，又覺得中本聰應該不會同意。一本好書就該像區塊鏈，不得任意修訂、更改；可以添加，但不能刪減，也不能改變過去任何一筆交易……因此，歡迎進入這篇寫在後記之後的後記。

3月15日，馬克·卡佩雷斯的判決日當天，法庭開放抽籤入庭旁聽。我沒想過可以抽到席位，正如我從未期待卡佩雷斯能以無罪之身走出法庭，畢竟那是一場只有1%勝算的仗。

事實證明，我的想法對錯各半。

命運之神沒有站在我這邊，卻站到了馬克身邊。他有兩項指

控被判無罪。

娜塔莉當天也在法庭內，證明了有時禮物也會從天而降。那是個星期五，美好的星期五。

還記得 2018 年 12 月時，檢察官曾要求將馬克處以十年有期徒刑嗎？而今，距離馬克的公司與人生同時崩潰的那一天，已經超過五年了。

合議庭對卡佩雷斯被起訴的挪用公款和背信罪做出無罪判決，唯在不當管理數位資金上是有罪的，最後判刑二年半，緩刑四年。

在日本，可緩刑是件好事。簡而言之，如果卡佩雷斯規規矩矩過日子，不再犯法，就可以維持自由之身，不必去坐牢。

其中一位審判長指出，所有對卡佩雷斯的指控都與丟失的比特幣無關，而他也從來沒有損害公司或挪用資金的企圖。他唯一的罪行是在系統中安裝了一個程式，試圖找回 2011 年 3 月接管公司時就遺失了的比特幣。

同一位審判長亦針對挪用公款的指控告誡檢察官，指責他提出了一項無意義的控訴，並認為被告「沒有觸犯法律的意圖，也沒有任何違法行為。」一位司法委員也指出，亞歷山大·維尼克被捕的事實，證明了東京警方和檢察官最初的調查原因已不成立。他的話語中似乎暗指警方因無力破案而逮捕卡佩雷斯，逼他成為代罪羔羊。

金·尼爾森認為緩刑與部分有罪的判決很合理，但其他指控皆為不實。

就某種程度而言，法庭其實譴責了卡佩雷斯長期以來最要命的錯誤觀念——並非所有破損的東西都能被修復。他身上有許多古怪之處，但最奇妙的可能是，他似乎花了很多時間才意識到，這個世界、人際關係和行為，不能像玩具收音機那樣拆開又重組。

判決下來後，我取得卡佩雷斯的同意，讓他對這件事發表感言。這一次我直呼他馬克。經過這些

年，我試圖在腦海裡和他保持的距離逐漸縮小。他的簡訊裡這麼說道：「感謝一切。感謝法庭，我很高興能擺脫挪用公款和背信的罪名。我會和律師討論並決定如何處理其餘的指控。我明白法庭判定無罪的可能性很小，這在日本是很了不得的事。感謝我的律師和所有支持我的人。」

然而，媒體對此事的報導卻異常地平淡，角度也很奇妙。有些日媒以〈卡佩雷斯的兩項指控無罪〉為標題，另一些則是〈卡佩雷斯被判有罪〉，並輕描淡寫提到有兩項指控罪證不足。

大多數媒體刻意迴避提及維尼克，僅提及 Mt. Gox 的駭客事件仍待釐清，但理論上已結案。警方的失職似乎得到了諒解。畢竟日本檢察官提供主流媒體獨家新聞，而那些被餵食的狗並不願意反咬供食者的手。

正如我們在卡洛斯·戈恩的案件中得到的啟示，遭到質疑或被打臉的檢察官絕不會輕易放過對方。

後續發展

說到卡洛斯·戈恩，我在 2019 年 7 月時曾送給他這本書，他和卡佩雷斯透過我的介紹成了名義上的朋友。這兩人有許多共同點，但要到戈恩在 2019 年 12 月 29 日大膽逃亡，逃離日本永無止盡的司法困境，前往相對安全的黎巴嫩後，我才知道他們有交情。

　　卡佩雷斯對他的出逃感到驚訝，同時也出乎意料地反對這項決定。「我認為儘管天不從人願，儘管他可能永遠沒有機會因罪證不足而被判無罪，但你也知道的，檢察官還是要面子的。他可能已經判了部分無罪。看看我，我留下來了，我正面迎戰，然後贏了。嗯，幾乎可以這麼說。他應該留下來尋求正義的。也許等他被判有罪的時候再逃亡也不遲。」

　　可想而知，日本檢察官在得知此事後大怒。位在貝魯特的戈恩在 2020 年 1 月 8 日召開記者會譴責日本挾持人質式的司法體系。法務大臣森雅子立即在深夜公開反駁戈恩認為日本司法不公、野蠻和

不人道（正如我們所知）等說法。

森雅子企圖說服世界相信日本的司法體系公平公正，與它身為 G3 國*之一的地位相符。然而，在她撒下滿口謊言和對戈恩的指責時也說錯了話，貽笑大方：「如果他真的如自己所言是清白的，就應該在法庭上公平公正地提出證據。」隨後，她又在社群媒體上發表了同樣的言論。

此話一出立即遭到嚴厲抨擊。

曾擔任特別檢察官（special prosecutor），同時也是戈恩維權律師與東京檢察官的鄉原信郎毫不客氣地表示：「檢察官的工作是證實嫌犯的罪行，要求被告證明自己的清白根本是胡說八道，法務大臣雖身為律師，卻顯然不瞭解『在判決沒有確定前，

---

* G3 國包括美國、日本、歐元區。

嫌疑人應推定為無罪』是最基礎也最根本的原則。」

戈恩的法國律師弗朗索瓦・澤米雷（Francois Zimeray）也在第一時間指出了森雅子的錯誤：「定罪是檢察官的責任，被告沒有證明自己無罪的責任。」

在此之前，日本人對司法理論一點也沒興趣，但在森雅子的言論後，「無罪證明」一詞在 Twitter 上掀起一股風潮。

也有網友指出：「她那番話就是承認了戈恩所言屬實。」其他社交平臺上的評論還包括：「如果法務大臣不明白檢察官的責任在於證明被告犯罪或無罪，（戈恩）當然會想逃跑。難不成這是中世紀的獵巫行動？」

答案是「沒錯」。在日本，遭到指控的人就會被當作女巫對待。如果你沉底淹死，就證明是無辜的；若是漂起游走，即是有罪，處以死刑。無論如何，只要被起訴，就必死無疑——這是一種比喻。

值得慶幸的是，卡佩雷斯是那些被判無罪機率低於 1% 的幸運兒之一。而日本檢方沒有繼續上訴也是件令人感到驚訝的事，畢竟這可是他們的慣用的技倆。如今，他頭上沒有那把達摩克利斯之劍 * 了。卡佩雷斯對不當移轉數位資金這項控訴提出上訴，而且很有可能會勝訴。

　　至於亞歷山大‧維尼克，如各位讀者所知，被指控是造成 Mt. Gox 倒閉的幕後黑手。他在 1 月 23 日被引渡到法國，並送進一家醫院。他正因抗議長期拘留而絕食，也許永遠無法活著接受審判。法國在 2018 年 6 月時就提出引渡請求，聲稱維尼克是從事詐騙、洗錢和駭客攻擊等網路黑社會的主謀。

＊ Sword of Damocles，達摩克利斯是敘拉古（Syracuse）城主狄奧尼修斯二世（Dionysius II）的臣子。某天狄奧尼修斯二世提議和羨慕他的達摩克利斯交換位置，等到達摩克利斯坐上王位後，發現天花板上垂吊著一把用馬鬃繫著的劍，劍尖直指著坐在底下的他，他才領悟到王座背後所存在的殺機和危險。

他和共犯被控侵入多達 5700 人的電子郵件信箱。
法國法官將在 1 月 28 日決定如何進行審判，法國
的審判結束後，預計會把他移交給美國*。

卡佩雷斯在 2019 年 5 月出版了第一本著作，
名為《加密貨幣 3.0》(*Cryptocurrency 3.0*)，內容討
論虛擬貨幣在未來市場中的前瞻性與可能性，同時
也提出現存且令人感到恐懼的問題。沒有多少人對
這個議題有這麼深入的瞭解，那本書也得到了很大
的迴響。

與此同時，比特幣又再次上漲到 8300 美元。
我想，該是檢查錢包的時候了。

---

*維尼克因洗錢被法國法庭判決有罪，須服刑五年 ; 他的律師團
隊提出上訴，目前程序仍在進行中。至於引渡的問題至今仍懸
而未決。

本書付梓前，比特幣（BTC）到美元（USD）
的轉換率為 $30,039。比特幣在 2021 年 11
月 9 日首度飆破 6 萬 7000 美元，最高站上
67777.7 美元，再創歷史新高。

傑克·阿德爾斯坦 Jake Adelstein

自 1993 年開始擔任駐日調查記者。身為日
本最重要的組織犯罪專家之一，他也為日本
和美國提供諮詢，同時為《野獸日報》(*Daily
Beast*)、日本經濟月刊 ZAITEN 和其他報社執
筆寫作。此外，他也是《洛杉磯時報》的特派員，
並著有《東京風雲》(Tokyo Vice) 一書；該書
至今已有 12 種語言的譯本，並翻拍成犯罪影集
於 HBO Max 播出。

娜塔莉·斯塔基 Nathalie Stucky

穿梭東京與歐洲兩地的獨立記者，曾擔任日本
時事通信社（Jiji Press）駐日內瓦的特派助理，
為《重建 311》(*Reconstructing 3/11*) 一書提
供了不少資料，同時也是日本次文化研究中心
（Japan Subculture Research Center）的主編。

方向 76

比特幣大騙局
竊盜、駭客、投機者，加密貨幣交易所 Mt. Gox 的腐敗運作與破產真相
J'ai vendu mon âme en Bitcoins

作 者 ： 傑克·阿德爾斯坦 Jake Adelstein、娜塔莉·斯塔基 Nathalie Stucky
譯 者 ： 許雅雯
審 訂 ： 葉政昇、林佳慧
責任編輯 ： 林佳慧
封面設計 ： 許晉維
版型設計 ： Yuju
美術設計 ： 廖健豪
行銷顧問 ： 劉邦寧

發行人 ： 洪祺祥
副總經理 ： 洪偉傑
副總編輯 ： 林佳慧
法律顧問 ： 建大法律事務所
財務顧問 ： 高威會計師事務所
出 版 ： 日月文化出版股份有限公司
製 作 ： 寶鼎出版
地 址 ： 台北市信義路三段 151 號 8 樓
電 話 ： （02）2708-5509 傳真 ： （02）2708-6157
客服信箱 ： service@heliopolis.com.tw
網 址 ： www.heliopolis.com.tw
郵撥帳號 ： 19716071 日月文化出版股份有限公司

總經銷 ： 聯合發行股份有限公司
電 話 ： （02）2917-8022 傳真 ： （02）2915-7212
印 刷 ： 中原造像股份有限公司
初 版 ： 2022 年 6 月
定 價 ： 380 元
I S B N ： 978-626-7089-79-8

國家圖書館出版品預行編目資料

比特幣大騙局：竊盜、駭客、投機者，加密貨幣交易所 Mt. Gox
的腐敗運作與破產真相／傑克·阿德爾斯坦（Jake Adelstein），
娜塔莉·斯塔基（Nathalie Stucky）著；許雅雯譯. -- 初版. --
臺北市：日月文化出版股份有限公司, 2022.06
288 面 ; 14.7 × 21 公分 . -- （方向 ; 76）
譯自：J'ai vendu mon âme en Bitcoins.
ISBN 978-626-7089-79-8（平裝）

1.CST: 金融犯罪 2.CST: 電腦犯罪 3.CST: 電子貨幣

548.545   111004982

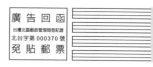

日月文化集團
HELIOPOLIS
CULTURE GROUP

感謝您購買　**比特幣大騙局**
竊盜、駭客、投機者，加密貨幣交易所 Mt. Gox 的腐敗運作與破產真相

為提供完整服務與快速資訊，請詳細填寫以下資料，傳真至02-2708-6157或免貼郵票寄回，我們將不定期提供您最新資訊及最新優惠。

1. 姓名：＿＿＿＿＿＿＿＿＿＿＿　　性別：□男　　□女

2. 生日：＿＿＿＿年＿＿＿＿月＿＿＿＿日　　職業：＿＿＿＿＿＿＿

3. 電話：（請務必填寫一種聯絡方式）

　　（日）＿＿＿＿＿＿＿＿　（夜）＿＿＿＿＿＿＿＿（手機）＿＿＿＿＿＿

4. 地址：□□□＿＿＿＿＿＿＿＿＿＿＿＿＿＿＿＿＿＿＿＿＿＿＿＿

5. 電子信箱：＿＿＿＿＿＿＿＿＿＿＿＿＿＿＿＿＿＿＿＿＿＿＿

6. 您從何處購買此書？□＿＿＿＿＿＿＿縣/市＿＿＿＿＿＿＿書店/量販超商
　　□＿＿＿＿＿＿＿網路書店　□書展　□郵購　□其他

7. 您何時購買此書？　　年　　月　　日

8. 您購買此書的原因：（可複選）
　　□對書的主題有興趣　□作者　□出版社　□工作所需　　□生活所需
　　□資訊豐富　□價格合理（若不合理，您覺得合理價格應為＿＿＿＿＿＿）
　　□封面/版面編排　□其他＿＿＿＿＿＿＿＿＿＿＿＿＿＿＿

9. 您從何處得知這本書的消息：□書店 □網路／電子報 □量販超商 □報紙
　　□雜誌 □廣播 □電視 □他人推薦 □其他

10. 您對本書的評價：（1.非常滿意 2.滿意 3.普通 4.不滿意 5.非常不滿意）
　　書名＿＿＿＿　內容＿＿＿＿　封面設計＿＿＿＿　版面編排＿＿＿＿　文/譯筆＿＿＿＿

11. 您通常以何種方式購書？□書店　□網路　□傳真訂購　□郵政劃撥　□其他

12. 您最喜歡在何處買書？
　　□＿＿＿＿＿＿＿縣/市＿＿＿＿＿＿＿書店/量販超商　□網路書店

13. 您希望我們未來出版何種主題的書？＿＿＿＿＿＿＿＿＿＿＿＿＿＿＿

14. 您認為本書還須改進的地方？提供我們的建議？

＿＿＿＿＿＿＿＿＿＿＿＿＿＿＿＿＿＿＿＿＿＿＿＿＿＿＿＿＿＿＿

＿＿＿＿＿＿＿＿＿＿＿＿＿＿＿＿＿＿＿＿＿＿＿＿＿＿＿＿＿＿＿

＿＿＿＿＿＿＿＿＿＿＿＿＿＿＿＿＿＿＿＿＿＿＿＿＿＿＿＿＿＿＿

＿＿＿＿＿＿＿＿＿＿＿＿＿＿＿＿＿＿＿＿＿＿＿＿＿＿＿＿＿＿＿